新訂

家族で話す
HAPPY相続

相続アドバイザー協議会
23期有志

プラチナ出版

本書を推薦します

今日の少子高齢社会・核家族を前提として迎える相続事情は、ますます混迷・多様性を深めています。

1年間にお亡くなりになる方は約130万人（平成28年）ですが、そのうち遺産分割事件数は、1万2000件に及び、ますます増加傾向にあります。

その要因として、諸事情で長い間親兄弟が疎遠になり意思疎通が円滑にいかないケース、離職を余儀なくされ経済的困窮者がいるケース、親と同居して自営業を担ってきた相続人がいるケース、また相続人の一人が認知症の親を長く介護してきたケースなど、さまざまです。

多くの場合、親が残した財産の分割の仕方、つまり分け方でもめる場合が多く、相続人の知識不足や不慣れさが起因し、金勘定（相続分）がエスカレートし感情問題に発展することがあります。

有効な遺言書がなければ、相続人の話し合いで分け方を決めることになりますが、長く親の面倒を見てきた方とそうでない相続人では、法律上は均分になっています。

親の面倒を見てきた子どもや自営業で長く家業に専念してきた相続人の気持ちとし

ては、少しは他の兄弟より多くもらえるものと思うのは人情ですが、家計状況の悪化等が助長して権利意識が強くなり、それら事情を斟酌せず、法定相続分を主張するケースが年々増えています。それに伴い遺産分割の話し合いがこじれ、裁判沙汰（調停・審判）になり、兄弟の絆が切れるなど、最悪の結果を招くこともあります。

相続でそのような残念な結果を迎えないためにも、被相続人が生前にその思いを形にするために、生前贈与の実行や遺言書の作成等が必要です。また、相続人に至っては少しでも実態に合った公平な分割を行うため、他の相続人の幸せを考え譲歩する気持ちも大切です。

本書は、相続では欠かせない「円満な相続の実現」を達成するためのさまざまな知識が網羅され、さらには事例をもとにわかりやすく解説された良書です。

相続アドバイザー協議会の認定会員でもある各分野の専門家、実務家が実体験をもとに惜しみなく書き下ろしています。

この本を読んでいただき、相続で不幸になる方が一人でも少なくなることを心から祈念して、この本を推薦させていただきます。

ＮＰＯ法人　相続アドバイザー協議会
理事長　平井　利明

はじめに

親や親族の財産を引き継ぐ相続。人生のなかでも、大きな資産が動く数少ないイベントの一つです。親族のなかで深刻なもめごとになって、苦しむ人が多いのも事実。「相続は『争族』になりがちだ」といわれています。

私たちはふだん気づきませんが、相続には落とし穴がたくさんあるのです。こうした落とし穴について、さまざまな専門家から解説し、皆さんにＨＡＰＰＹな相続をしていただきたい、そう考えて私たちは皆で協力して本書を世に出すことにしました。

執筆には、相続アドバイザーの養成講座23期で共に学んだ、弁護士、不動産鑑定士、税理士、司法書士、土地家屋調査士、中小企業診断士、ファイナンシャルプランナー、他に不動産関係、保険関係、そして広告関係とあらゆる業種のメンバーでとりかかりました。

法務・税務の専門家がいますので、その基本をしっかり学べるのは当然として、日本人の財産に占める比率の高い不動産に関する解説が充実しています。また、保険を使った賢いノウハウも学ぶことができます。それをとにかくわかりやすく、かみ砕いてみました。

相続アドバイザーの養成講座では、残された相続人がもめない「家族の幸せ」が常にテーマとなっていたので、自然と私たちの共通の認識になっていました。

修了後も定期的に勉強会を続け、仕事の面でも互いに相談し、協力し合いました。

そのなかで、何が相続の落とし穴になり、どうすればＨＡＰＰＹな相続をできるのか、共通のノウハウが蓄積されてきました。それを土台にしていますので、違和感なく、最後まで読めるはずです。

そして、本書のテーマは、もう一つ。相続のさまざまな実例に触れて気づくのは、生前に相続について亡くなった方と相続人の間で話しておけば、相続争いや納税、面倒な手続で苦しむことを避けられるケースが非常に多いということです。しかし、生前に相続に関して、資産を持っている方と話すことは非常に難しいのが実情です。

どうすれば、親子、夫婦、兄弟などの間で、相続について話すことができるでしょうか？　それには、事前に話さないこと、そして争うことが、いかにトラブル、不幸につながるかを皆で知っておくことです。

本書には、親子、夫婦、兄弟の間で、共有しておいたほうが良い知識がちりばめられています。まず1章と2章では事例として「相続でもめやすいケース」、「不動産にかかわる少し複雑なケース」を掲げ、その後の3章で相続の基本的な知識を紹介しています。先に相続でよく出てくる用語などを理解したい方は、3章から読み始めてください。そして4章で相続税・贈与税について説明しています。5章は相続と関係が深い保険の知識、6章は事前に何をしておけば良いのか、遺言書の書き方など具体的な対策をまとめました。そして巻末に付録として「エンディングノート」を掲載しています。直接書き込むなり、拡大コピーをしてノートとして使用してください。

本書をご家族皆さんで一緒に読み、話し合ってください。そして、HAPPYな相続をしていただくことを著者一同心から祈っています。

平成30年2月

相続アドバイザー協議会23期有志一同

本書を推薦します
NPO法人　相続アドバイザー協議会理事長　平井 利明……i
はじめに
相続アドバイザー協議会23期有志一同……iii

1章 ウチは大丈夫？　相続でもめやすいケース

Case1 無報酬で家業を手伝っていた場合や、親の介護をしている人がいるケース……016
Case2 相続以前に住宅の購入費など特別な利益を得ていた場合の相続への影響は？……020
Case3 相続後多額の借金が判明した場合、相続への影響は？……022
Case4 子どもがなく遺言書もないのでもめてしまったケース……026
1－4－1　相続が失敗に終わった原因……029
1－4－2　田中さんはどうすれば良かった？……031

Case5 遺言書があっても、思いどおりに相続できないケース（亡くなる順番によって資産を受け取る人間が変わるケース） …… 033
Case6 お一人様相続 …… 037
1―6―1 泣き寝入り大家さん …… 037
1―6―2 想いが届かなかった相続 …… 040
コラム 特別縁故者 …… 044
Case7 再婚がもたらす相続トラブル …… 045
1―7―1 後妻との間に実子がいる事例 …… 045
Case8 事業承継の事例 …… 048
1―8―1 X社・社長Aの事例 …… 048
1―8―2 今どのようにすれば良いか …… 051
1―8―3 どのようにしておけば良かったのか …… 052

2章 不動産でトラブる5つのケース

Case1 主要な財産が不動産のケース……058
2－1－1 問題は家計資産の大半が不動産であること……059
2－1－2 不動産の分割方法……060
2－1－3 不動産の評価をどうするか？……063
2－1－4 佐藤さんはどうすれば良かった？……064
Case2 事業用不動産を相続するケース……067
2－2－1 相続が失敗に終わった5つの原因……069
2－2－2 山田さんはどうすれば良かった？
～事業用不動産を後継者にＨＡＰＰＹ相続するための5つのポイント～……070
2－2－3 事業用不動産の後継者がいない場合にはどうするべきか？……073
2－2－4 まとめ ～事業用不動産 ＨＡＰＰＹ相続のススメ～……074
Case3 相続対策における一括借上げアパート建築の落とし穴……076
Case4 次世代に苦労を残さないための境界確定測量の重要性……084

2-4-1　相続発生後の確定測量で、初めて問題が明らかになった土地の事例……084
2-4-2　土地の相続対策とは？……085
2-4-3　土地の境界を正しく管理するには……086
2-4-4　相続発生後の境界確定測量における相続人の負担……088
2-4-5　境界について……092
2-4-6　相続前の確定測量には大きなメリットがある！……093
2-4-7　土地の境界問題や確定測量は誰に相談すれば良いか？……094
2-4-8　最後に……094
コラム　不動産の価値は『道路』と『間口』がポイント……095
Case5　**不動産には複数の時価があることを知らなかったケース**……100
2-5-1　税法時価が取引時価よりも低くなることが多いケース……101
2-5-2　税法時価が取引時価よりも高くなることが多いケース……103
2-5-3　まとめ……106
コラム　新しい不動産活用の道～民泊……108

3章 相続のキホン

3-1　実際に「相続」が発生したときの流れ……110
3-1-1　大まかな流れ……110
コラム　相続人が行方不明のケース……112
3-1-2　「遺産分割」について……114
コラム　遺産分割はいつまでに行わなければならないか？……119
Q　被相続人の子・兄弟姉妹が、被相続人より先に亡くなっていたらどうなりますか？……123
3-2　そもそも何を相続するのか？……126
コラム　マイナスの財産……126
3-3　その他におさえておくべきキホン知識……127
3-3-1　特別受益……127
3-3-2　寄与分……128
3-3-3　遺留分……129
コラム　遺留分の放棄……131

4章 相続税の全体像

4－1 相続税 …… 134
4－1－1 相続税法の主な特徴 …… 135
4－1－2 相続税の計算 …… 137
コラム 「民法上の相続人」と「相続税法上の相続人」とは、一致しないことがある!? …… 139
4－1－3 小規模宅地等についての相続税の課税価格の特例 …… 148
4－2 贈与税 …… 153
4－2－1 贈与税とは? …… 154
4－2－2 贈与税制度 …… 154
4－2－3 相続時精算課税制度 …… 155
4－2－4 暦年課税制度 …… 163
コラム 基礎控除の枠は変わるかもしれない!? …… 166
4－2－5 贈与税制度における特例 …… 167

5章 相続と生命保険

5-1 遺産分割対策としての生命保険活用 …… 176
5-1-1 生命保険金は受取人の固有の財産 …… 176
5-1-2 早期に現金化できる生命保険 …… 177
5-1-3 代償分割金(代償金)としての生命保険の活用 …… 178

5-2 生命保険金と税金 …… 180
5-2-1 生命保険金の非課税枠の活用 …… 180
5-2-2 契約形態により異なる課税方式 …… 183
5-2-3 生前対策として納税資金確保のために保険料を贈与する …… 185

コラム 死亡退職金も生命保険金と同じ扱い！ …… 181

5-3 納税資金対策としての活用法 …… 189
5-3-1 相続発生後、早期に現金で受け取れる生命保険金のメリット …… 189
5-3-2 相続対策目的なら終身保険 …… 190
5-3-3 まずは現状の契約内容を確認 …… 191

5-3-4　受取人は一保険（証券）につき一人を指定する……192

6章 HAPPY相続をするために

6-1　相続対策はほとんどが生前でないとできないということを一人でも多くの人に知ってもらいたい……194
6-2　相続争いが起きてしまう理由は家族間のコミュニケーション不足……196
6-3　相続でもめないために、具体的にどのような準備をすれば良いのか？……198
6-4　相続人は相続が発生してから10ヶ月で相続税を払わなければならない……200
6-5　大まかに相続税がいくらぐらいかかるのかを知る……201
6-6　誰に何を残すか考える……203
6-7　遺言書をつくる……204

6−8 生前贈与で相続税対策を……212
6−9 遺言書は状況が変わったら見直す必要あり……214
6−10 家族信託でHAPPY相続……215
6−10−1 認知症1000万人時代のリスク……215
6−10−2 認知症になるとできなくなること……217
6−10−3 成年後見人制度の注意点……218
6−10−4 家族信託とは……218
6−10−5 家族信託の仕組み……219
6−11 信頼できる専門家をどうやって探すか？……221
6−11−1 まず複数の人に会う……222
6−11−2 専門分野＋経験＋人脈ネットワーク……222
6−11−3 人間力……223
6−12 執筆者の想い……225
おわりに
NPO法人 相続アドバイザー協議会相談役 野口 賢次……227
執筆者紹介……229
エンディングノート……Ⅰ

装丁・本文デザイン 吉村朋子
イラスト・図表作成 川田あきひこ

1章

ウチは大丈夫?
相続で
もめやすいケース

Case 1

無報酬で家業を手伝っていた場合や、親の介護をしている人がいるケース

父は、そば屋を営んでいます。母が、交通事故で5年前に亡くなってから、父は「まだまだ元気にやれる」と言ってそば屋を続けています。父は、次男夫婦と自宅で同居しています。母が亡くなってから、次男の嫁が父の仕事を無報酬で手伝っていました。近所でも天ぷらがおいしいと評判のお店で、お客さんが絶えなかったため、嫁は手伝い続けました。

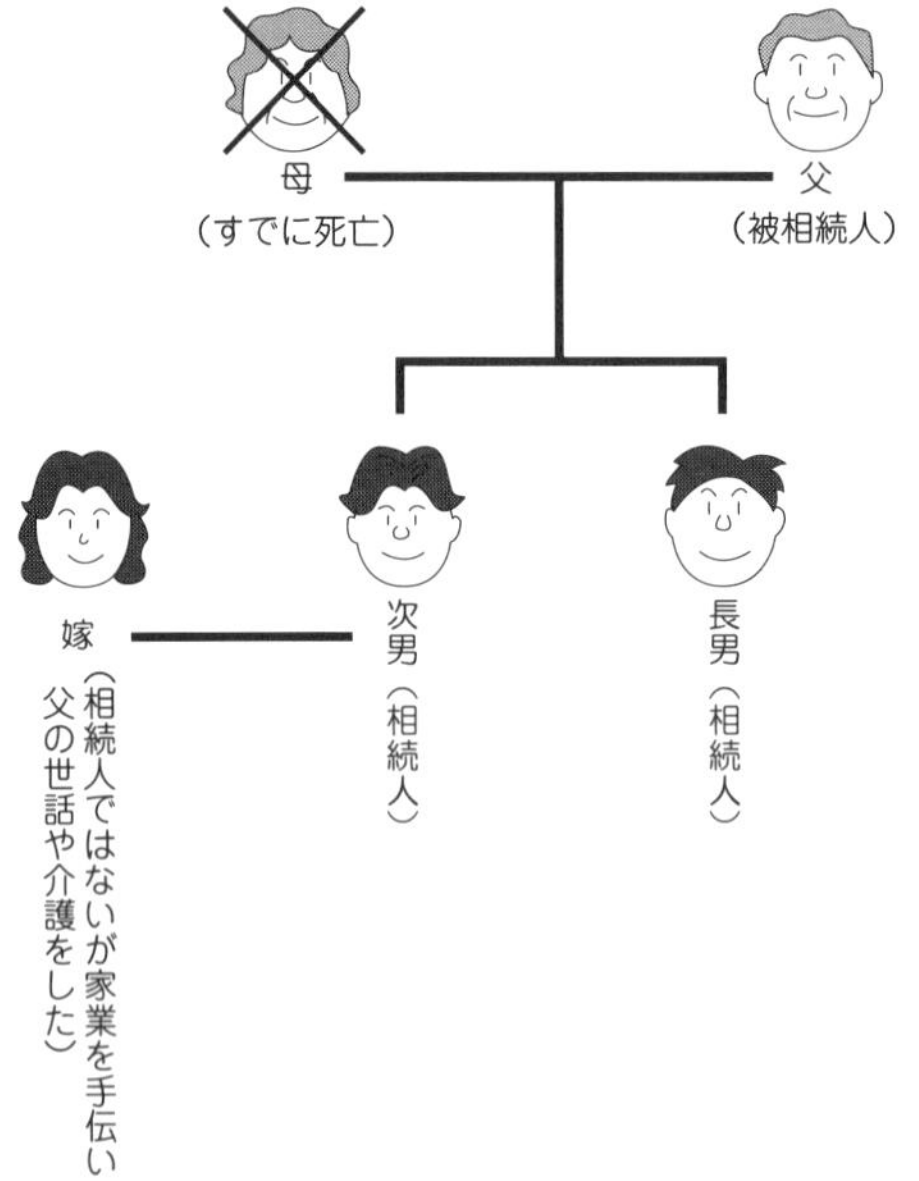

しかし、そんな父も病気で最近亡くなりました。亡くなるまでの2年間も嫁は、ずっと介護が必要となった父を自宅で看てきました。

嫁は、父が病院に通うのも、自分で往復30キロの道のりをその都度、自分の自動車で送り迎えし、その他父の必要な日用品も付き添って買い物を済まし、代金も支払っていました。

嫁は、父が大病したけれども、やっと介護から解放されたとほっとしていました。母が亡くなってから、ずっと父のために手伝いと介護を献身的に続けてきたからです。

葬式が終わったある日、長男が実家である次男夫婦のところに来ました。長男は、東京の有名ホテルで働いています。仕事が忙しく、父の面倒を見ることはありませんでした。そんな長男が父の相続について話をしに来たのです。長男は来るなり、次男夫婦に「今まで父のことで世話になった」とあいさつはしましたが、嫁の父への介護について感謝している様子ではありませんでした。

すると長男は、「父の財産は、兄弟で平等に分けよう」と言い出しました。次男は、自分からは相続の話を言い出せないという思いから、話を切り出せませんでした。

しかし、次男は「やっぱりか」と思いました。隣で聞いていた嫁は、亡くなった父のことを振り返って涙しました。

嫁は、父がずっと続けたかったそば屋を手伝い、介護まで献身的にしてきたことを思い出したのです。ですから、長男の申し出を当然素直に受け入れられませんでした。

その日は、嫁は次男の袖をひっぱり、長男に帰ってもらうようにしました。

その後、嫁は次男に「こんなのおかしい」と漏らしました。次男も嫁が長い間ずっと自分の代わりに介護してくれていたので、しっかり長男に説明しなければならないと思いました。

このような無報酬で親の家業を手伝っていた場合や、親の介護をしているケースでは、**寄与分**が問題となります。

この寄与分というのは、平たく言えばある相続人が親（亡くなった人）の**財産の維持または増加に特別の寄与**をしていた場合に、その人の相続分を増やすというものです（3章128ページ参照）。

では、寄与分を認めてもらうには、どうしたら良いでしょうか？　たとえば事例のように、次男の嫁が無報酬で家業を手伝い、介護においても自宅で食事から身の回りの世話までずっと介護していたなど、女性が手伝いや世話をすることが多く見受けられます。

しかし、次男の嫁は、亡くなった父をずっと看てきたのにもかかわらず、**そもそも相続人ではない**のでこの寄与分を主張することはできないのです。

嫁からすれば、「ここまでやってきたのに」と悔しさでいっぱいです。また、父の財産だけをみて兄弟平等に分けるということが、はたして本当に平等と言えるでしょうか？確かに、次男の嫁であれば相続分はありませんが、次男の嫁による父への献身的な介護などを考えれば、次男とその嫁を一体とみて、次男の相続分を増加させて初めて本当の平等と言えるのではないでしょうか。

遺産分割協議において、寄与分を主張して次男の相続分を増加させるためには、相続人全員の同意が必要となりますので、いままでの父への無報酬での家業手伝いや介護について説明をしなければならないでしょう。

結果として争いごとにならないためにも、父の生前、次男が父に話をして、無報酬での家業の手伝いや父への献身的な介護をした嫁の寄与を考慮した**遺言書**を残す、あるいは、**生前贈与**を検討すべきでした。

Case 2 相続以前に住宅の購入費など特別な利益を得ていた場合の相続への影響は？

相続では、まず「財産を平等に分けよう」という話から、兄弟でもめてしまうケースが多いと思います。

なぜなら相続では、亡くなった人が残してくれた相続財産を分け合うときに、相続人が複数いると、相続財産の分割を進めるうえでどうしても全員の意見をまとめることが難しいからです。

たとえば、特定の相続人が、亡くなった親の生前に、住宅の購入資金1000万円などまとまったお金をもらっているケースが考えられます。最近では住宅取得のための贈与であれば、無税になるというメリットもあるからでしょう。しかし、相続になると生前にまとまったお金をもらっていない他の兄弟から、相続の話し合いで平等でないと言われてしまいます。ですから、相続人の中に住宅の購入費など特別な利益を得ている人がいる場合、その相続は当然もめてしまうのではないでしょうか。

確かに、兄弟と言えども一部が高額な学費を出してもらったり、住宅の購入資金をもらったりしたような場合の相続では、今までの親の思いやりが不公平を生じさせてしまうこともあるでしょう。

このような場合、相続人である兄弟の公平のため、亡くなった親から生前にまとまったお金をもらった相続人がいる場合には、そのもらったお金を相続財産に含めて、全体の相続財産としてからそれぞれ分け合うとされています。この相続財産に含めるべきお金を**特別受益**といいます（3章127ページ参照）。

ということは、亡くなった人が生前行った贈与を考慮して相続財産の分割を行う必要があるということです。今まで仲が良いと思っていた兄弟も、親の相続をきっかけとして、本当の意味で平等ではなかったと改めて感じている人もいると思います。

確かに、特別受益に固執し過ぎずに相続人それぞれの生活状況や事情を考えて相続財産の分割を行うことが円満な相続になる場合もあります。あまりに他の相続人の受けた特別受益にこだわってしまうと、相続人全員の意見をまとめることができない事態が生じてしまうこともあり得るのではないでしょうか。

結果、亡くなる人が生前に**遺言書**を残す、あるいは**書面で特別受益の持ち戻しをしない旨の意思表示**をしていれば、特別受益を巡る相続人間の争いを避けやすくなります。

Case 3

相続後多額の借金が判明した場合、相続への影響は？

父が亡くなり、子どもである相続人は、姉妹2人です。妹は、相続のことはよくわからないけど、姉が生前、父をずっと見守ってくれていたので、姉が父の遺産を相続するべきだと考えています。

その姉は、クリーニング店を経営しており、昨今の燃料高や価格競争の影響で経営がとても大変そうです。それでも、仕事の合間に父の面倒を見続けていました。

このような状況を妹はずっと見てきたので、自分は特に力になれなかったのだから、父の遺産はすべて姉に相続してもらえば良いと思いました。

父は、バブル期まで建設会社の土木作業員として一生懸命働いていましたが、その後建設会社が倒産して、ずっと定年まで近所の警備会社で働いていました。住まいも借家で残った遺産といっても、預金が1000万円くらいしかありませんでした。

後日、姉妹がお互いにもめないようにと相談し合って、遺産分割協議書を作成することにしました。内容としては、父名義の預金1000万円につき、すべて姉に相続させる。

妹は、父の相続を放棄するというものです。

これにより、父の預金が姉の銀行口座へ移り、姉が父の預金を受け継ぐことができました（なお、姉は父の預金を自分の口座に移しておりますので（これを「法定単純承認」という）、後述する相続放棄を行うことができないことになります）。

そして、姉は、今までにクリーニング店の運転資金のために借りたお金を父から受け継いだ預金ですべて返済しました。しかし、父が亡くなり4ヶ月がたったころ、姉妹あてに、知らない貸金業者から、父が借りたお金の借用書の写しが封書で送られてきました。

「え、突然なに？」とその書類に目を通すと、なんと800万円の借金が未納だということでした。急いで姉妹がその貸金業者に連絡すると、「裁判所で相続放棄していないと確認を取りましたので、ご請求申し上げました」と貸金業者に一方的に告げられました。

姉妹は、まったく理解できず、「これは大変だ」と、市役所で行われていた無料法律相談所へ駆け込んだところ、相続はプラスの財産とマイナスの財産（借金など）も含めすべて分け合うもので、姉は父の預金を自分の口座に移した時点で借金も相続するしかなくなっており（「単純承認」という）、今のままだと妹も、民法で定められた法定相続分の借金返済をしなければならなくなると、相談を担当した弁護士から告げられました。

そして、妹が債務の相続を免れるには「貸金業者から封書が送られてきたことで初めて父に借金があったことを知ったことを説明し、早急に家庭裁判所に**相続放棄**の手続を行う必要がある」と弁護士から説明を受けました。そこで、妹は、ただちに相談を担当した弁護士に依頼して、家庭裁判所に相続放棄の手続をとってもらったところ、家庭裁判所は相続放棄を認めてくれました。

姉妹が作成した遺産分割協議書には、父の預金のことしか記載していなかったため、マイナス（借金など）財産についてはまったく触れていませんでした。

つまり、妹が相続放棄すると遺産分割協議書に書いたのは、プラスの財産は相続しないというだけで、実際には、マイナス（借金など）の財産を相続してしまう**相続分の放棄**だったということです。

このような場合、市役所の無料法律相談に駆け込んでいなければ、姉だけでなく妹までも、民法で定められた法定相続分ずつ借金返済をしなければならなくなったという悲劇が起こってしまうところでした。

このように、相続について何も知らないことが、あとでトラブルにつながってしまうことがありますので、万一のために家族の状況や相続に関する基本的な知識を知っておくことが、いかに大事かということがおわかりいただけると思います。

ここがポイント

相続放棄
・そもそも最初から相続人とならないので、プラスの財産もマイナスの財産（借金など）もすべて承継しない
・原則として、相続が開始し（被相続人が亡くなり）、自分が相続人であることを知ってから3ヶ月以内に家庭裁判所に申述する
・ただし、被相続人の財産を使ったり隠したりした場合には、相続放棄ができなくなってしまう

相続分の放棄
・プラスの財産を何も相続しないことになるのに対し、借金などのマイナスの財産は、法定相続分で相続することになる

Case 4

子どもがなく遺言書もないのでもめてしまったケース

子どものいない人の相続（Ⅰ）田中家の場合

・被相続人（享年72歳）

・相続人　妻68歳（子どもなし）、長兄の代襲相続人（長男56歳、次男53歳、長女51歳）、次兄82歳、姉の代襲相続人（長男51歳、長女48歳）、三兄75歳

・財産　自宅不動産８０００万円　銀行預金２０００万円　合計1億円

田中さんは若くして息子を亡くし、その後は子宝には恵まれませんでしたが、奥様と2人で趣味の旅行や陶芸に没頭し、仲睦まじく生活しておりました。田中さんも定年退職を迎え、これから第二の人生という矢先の3年前に大腸がんが発覚し、晩年はがんとの壮絶な闘病生活を送りましたが、治療の甲斐なく昨年亡くなりました。

奥様は最愛の人を亡くした悲しみに暮れながら、葬儀、四十九日を終え、気持ちの整理

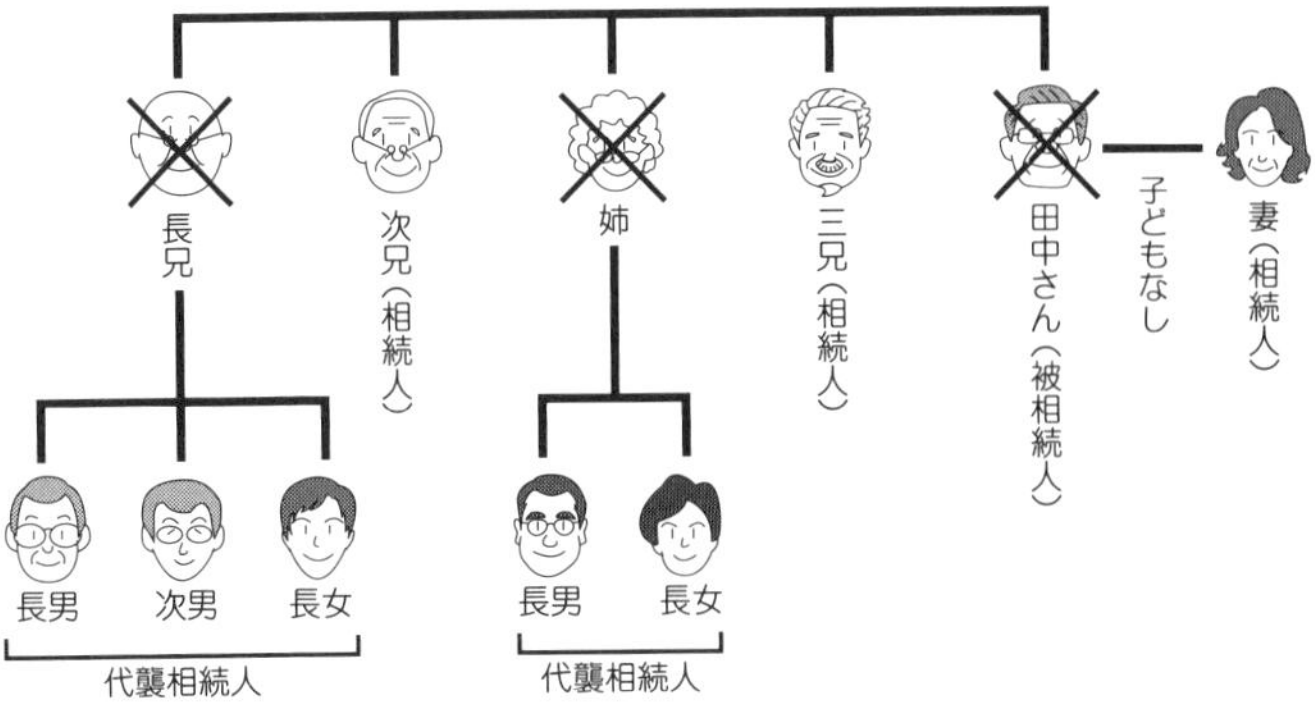

も少しずつつくようになったころ、死後の整理を始めました。

ところが、そこで思わぬ事態に遭遇することになったのです。

夫名義の銀行預金が下ろせない……。奥様は田中さんの預金していた金融機関へ預金引出しの手続をしに行ったところ、「ご主人様の預金を引き出すには、相続人全員の同意が必要になります」と銀行担当者から言われました。「相続人といっても子どもはいなかったので妻の私だけでは……？」。奥様は銀行担当者にそう伝えたところ、「お子様がいらっしゃらなければ、ご両親かご兄弟の方も法定相続人になるはずです」と告げられました。

奥様は突然のことでご自身の状況がよく把握できなかったため、銀行担当者から弁護士を紹介してもらい、後日相談に行くことにしました。その結果、奥様以外にご主人の兄弟と甥、姪を合わせ7人が法定相続人であることが判明いたしました。

夫である田中さんは、13歳年の離れた長兄（すでに他界）を筆頭に、次兄82歳、長女（すでに他界）、三兄75歳の5人兄弟の末っ子で、田中さんの両親はすでに他界されていました。長兄、長女の相続分は、代襲相続により、長兄と長女の子どもである甥、姪にそれぞれ相続する権利があることがわかり、奥様は愕然としました。というのも、義父の相続時に兄弟間でもめた経緯があり、その後、次兄、長女とは仲違いし住まいも離れていることから疎遠になり、長女の子ども（甥51歳、姪48歳）とは実に40年近くも音信不通だったからです。

奥様は、相続人とは親せきづき合いもなく遠隔地に住んでいるため、弁護士を通じて相続人と連絡を取ってもらったところ、相続人のほうも、やはりもらえるものはもらいたいという態度を示してきたことで、その後、遺産分割協議でもめることとなりました。

奥様は田中さんがお亡くなりになる直前に自宅や銀行預金、その他財産に関係する一切を引き継ぐ旨の意思表示を受けておりました。「俺が死んでも、家と預金があれば暮らしていけるな、先に逝くけど元気に暮らしていけ」と最後の言葉を聞いてご主人を看取りました。それにもかかわらず、相続人である兄弟や甥、姪が要求してきた遺産分割案は法定相続分でした。夫のがんの闘病生活で2000万円近い治療費がかかり、現金や預貯金が不動産の価値に比べ、少額しかなかったので、奥様は泣く泣く自宅を売却しなければならない事態に陥りました。

1-4-1　相続が失敗に終わった原因

まず、**相続人が誰なのか**を田中さんも奥様も把握していなかった点が一番の問題点です。田中さんもご自身が亡くなられた後は、財産すべてを奥様に相続させたいと願っていたのにもかかわらず、法律の知識と事前の準備がなかったために、相続させたくない仲の悪い兄弟（代襲相続人を含む）に遺産分けをしなければならないことになりました。

二番目には、相続財産の大半が均等に分けることのできない自宅という**不動産**だったことです。夫に先立たれた後でも終の棲家として、奥様が当然に住み続けられるものとして疑わなかった自宅は、遺産を均等に分割するには難しいものです。住んでいない親族からすれば、その相続分に応じて現金でもらいたいと望むことが通常といえます。田中さんのケースのように、分けるための現金が足りず相続人間で折り合いがつかない場合には、自宅を売却して現金で分ける方法を取らざるを得ないことも多々あります。

三番目には、**相続人間で仲が悪く、疎遠になってしまっていた点**です。

日ごろから親族間で仲が良くて、離れていても定期的な交流があれば、相続の話を事前にしていなかったとしても、このようなもめごとにはならなかったでしょう。

若くして息子を亡くし、その悲しみを乗り越えながら頑張ってきた田中さん夫婦の気持ちや、頑張って念願のマイホームを手に入れて幸せな生活を送られていた田中さん夫婦の様子、定年退職を迎え、第二の人生をまっとうしようとしていた矢先に最愛の夫に先立たれて、悲しみに打ちひしがれ、希望が持てず落ち込んでいる田中さんの奥様の気持ちを考えれば、親族の方々も、奥様から心のよりどころの終の棲家である自宅を奪うような請求はしなかったのではないでしょうか。

日ごろから交流があり親族で仲が良ければ、奥様の今までしてきた苦労や今の気持ちを考慮し、「自宅も預金も、あなた（奥様）がご主人と一生懸命築いてきたものだし、私たちは財産なんていらないよ」と言ってもらえたのではないでしょうか。何もいらないとまでは言わないにしても、親族の方々には残された現金を少しだけ分けてあげれば、自宅を売却しなければならない事態にまではならなかったのではないでしょうか。

1−4−2　田中さんはどうすれば良かった？

①　生前に相続の準備をする

生前に自分の財産がどのくらいあり、相続人が誰なのかをしっかり把握し、相続が起こった時にどのような事態が起こりうるのかを知っておく必要があります。

田中さんのケースは、予期せぬ法定相続人がいることを知らなかったことが大きな原因で、自宅まで手放すことになりました。田中さんが事前に奥様の他に法定相続人がいることを知っていたら、必要な対策が準備できたはずです。

②　遺言書を作成する

奥様が、生前に仲の悪かった義兄弟や何十年も面識のない甥姪と、遺産分割についての話し合いをしなければいけないということは、想像を絶する心労となります。このような事態を未然に防ぐ唯一の方法は、妻にすべての財産を相続させるとする「**法的に有効な遺言書**」を残すことです。そのような遺言があれば民法で定める法定相続ではなく遺言に従って処理されます。また、兄弟（代襲相続人を含む）には「遺留分」という権利（3章129ページ参照）もないため、「妻にすべて」という希望がかなうことになります。

遺言書以外に生命保険を活用し、奥様以外の法定相続人の相続分を保険で残すという方法もありますが、それは5章で説明します。

③　日ごろから親族間で仲良くする

相続人の方が誰であれ、日ごろから仲良くお互いの気持ちが通じたつき合いをしていれば、他の相続人も、一人残された奥様から、思い入れの強い、終の棲家を奪うような非情な決断は下さないでしょう。奥様のこれからの人生を考慮し、思いやりをもって自分たちの相続分は奥様に譲る気持ちで応じてくれ、もめずに話もまとまりやすくなります。

他愛のない日常のことや、日ごろの苦労など何でも話ができ、お互いに思いやりをもった親せきづき合いをしていることが、ＨＡＰＰＹ相続するためのポイントです。

Case 5

遺言書があっても、思いどおりに相続できないケース（亡くなる順番によって資産を受け取る人間が変わるケース）

子どものいない人の相続（Ⅱ）吉田家の場合
・被相続人（一郎・享年87歳）
　妻（花子・享年80歳　一郎死亡の7日前に死亡）
・相続人　姉（長女）の代襲相続人（長女60歳）・妹（次女82歳）
・財産　自宅不動産7000万円（一郎2分の1・花子2分の1）
　銀行預金・有価証券　1億5000万円（一郎8000万円・花子7000万円）
　合計2億2000万円

横浜にお住まいの吉田さん夫婦は子どもに恵まれず、2人で一生懸命働き、定年を迎えるころにはそれ相当な資産家となっておりました。これといって趣味のない2人は、気の

吉田家　相関図

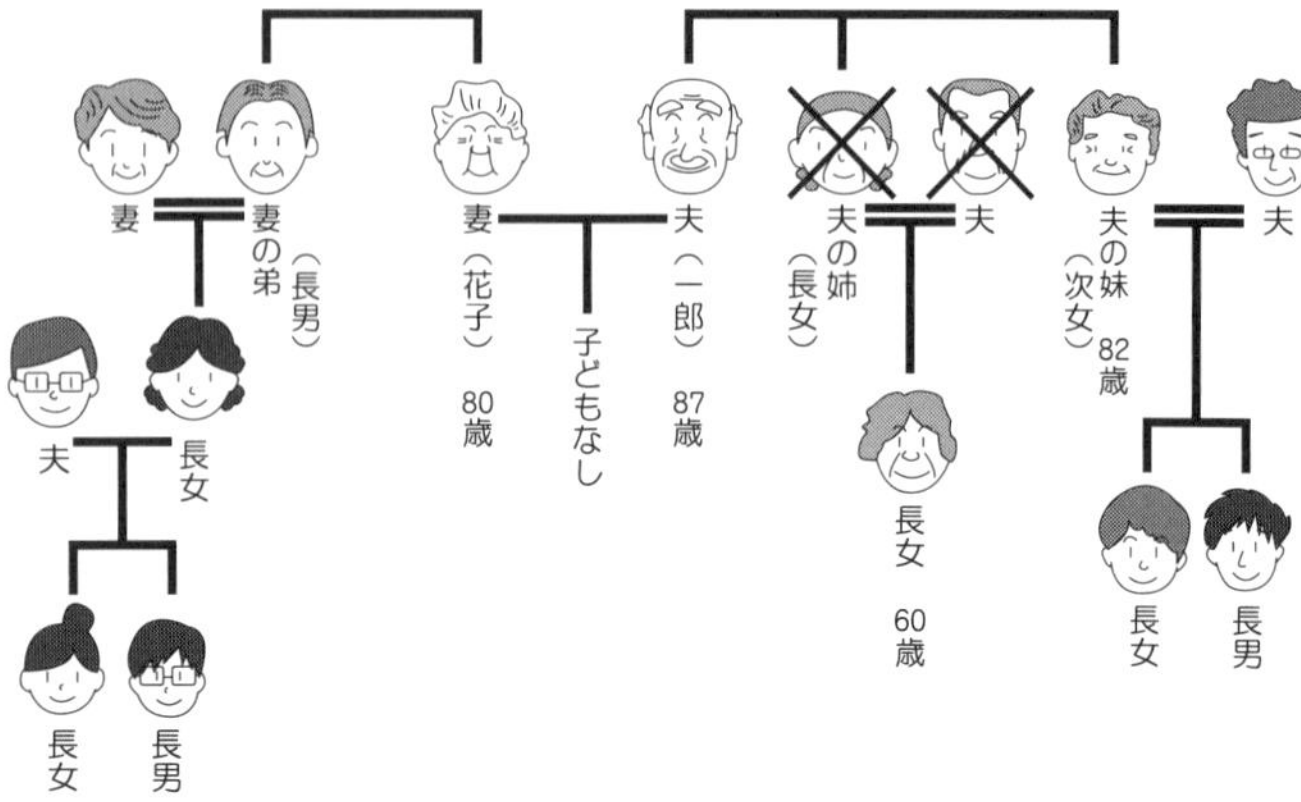

合う、妻・花子の弟夫婦のそばへ引っ越そうと自宅を売り、弟夫婦の住む東京郊外へ引っ越してきました。それ以来、弟夫婦と旅行に行ったり、孫の運動会へ参加させてもらったりと、子どものいない吉田さん夫婦にとっては、家族同様に楽しい老後を過ごすことができました。

一郎と花子の2人はお互いの死後を考え、連れ合いが亡き後は全財産をお互い相手に相続させると約束し、**別々の遺言書**に直筆で「全財産を妻・花子（夫・一郎）に相続させる」と書き、日付を入れて署名・捺印し、**別々の封筒**に封印し、自宅金庫にしまいました。

これで、お互いに苦労して築いた財産を相手に全部相続させるという目的は達成できたのですが、妻・花子の本心は、老後世話になった弟にも財産を分けてあげたいということでした。

では、なぜ遺言書に書かなかったのでしょう？

それは、全部の財産を相続させると書いた夫への遠慮もあり、また7歳も年下の自分が夫より先に逝くとは考えてもいなかったからです。

ある日、妻・花子は脳梗塞で倒れ、一命は取り止めましたが寝たきりになってしまいました。時をほぼ同じくして、夫・一郎に認知症の症状が出始め、徘徊が始まりました。

妻・花子が4年間寝たきりの状態の後、意識不明になったのと時を同じくして、夫も夜中に徘徊し、事故に遭って意識不明になりました。

妻・花子が息を引き取った7日後に夫・一郎が息を引き取りました。

相続が始まり、**自筆証書遺言**が見つかり、家庭裁判所で相続人を集めて検認をしました。

一郎の遺言書には「全財産を妻に相続させる」、他方、花子の遺言書には「全財産を夫に相続させる」と書いてありました。

妻が亡くなった途端に、全財産は**夫**に移り、**夫**が亡くなった途端に、全財産は**夫の姉の**

代襲相続人と夫の妹に移りました。

老後、ずっと面倒を見てくれた**妻の弟**には何も残せませんでした。

今回、たまたま妻が夫よりも7日だけ先に亡くなりましたが、これが逆に夫が先に亡くなっていた場合、**結果は全く逆**になり、夫が亡くなった瞬間全財産は妻に移り、妻が亡くなると、妻の弟に全財産が移る形になります。

ここがポイント

- 遺言書を作成する際には、あらゆるパターンを考えるべき
- 自分亡きあと、財産をどうしたいのか？　きちんと遺言書に書いておくべき
- 自分の死後、誰にも発見されずに漏れてしまうことを防ぐために、財産がよくわかるように表にするなどして整理しておく

Case 6 お一人様相続

1-6-1 泣き寝入り大家さん

東京都内のアパートに一人暮らしのA男さん78歳は、このアパートにもう20年も一人暮らしをしていますが一度も家賃が遅れたことはなく、物静かに暮らしている男性でした。

アパートの2年ごとの契約満了日が近づき、「今回も更新して、引き続きお世話になります。次回の家賃を支払うときに、更新の手続きもお願い致します」と、大家さん宅にわざわざ挨拶に寄っていきました。

大家さんもA男さんが高齢なのは気にはして

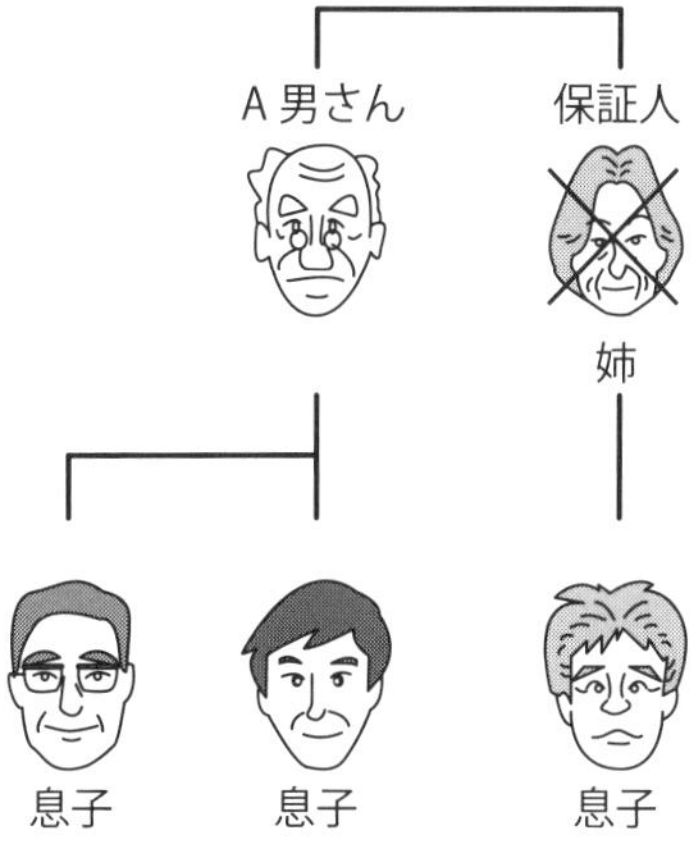

いましたが、何よりもきちんと家賃は入れ、元気そうだし、保証人のお姉さんもきちんとしていたので（とうの昔の記憶なのですが……）、さほど心配はしていませんでした。

ところが、いつも月末には入金される家賃が、翌月になっても入金されません。心配になった大家さんが部屋を訪ねてみると、ポストに新聞が溜まっています。保証人に電話をしましたが、つながりません。

もしや室内で倒れているのではないかと、心配になった大家さんは警察を呼び、立ち会ってもらって室内を確認しましたが、留守でした。

では、入院でもしているのかと思いましたが、どこの病院を訪ねてよいかわからず、高齢なら地域の高齢者センターに通っていたかもしれないと思い、問い合わせてみました。

すると、確かにA男さんが利用していた形跡はありますが、2週間前に亡くなった、とコンピューター上に登録されています、との返事でした。

2週間も前に亡くなったのなら、もう荼毘（だび）にふされているはずです。いったい、誰がどのように届け出たのか……？

保証人とも連絡が取れず、今や個人情報保護法とやらで、誰も何も教えてくれません。さっきまで生活をしていた、という感じのA男さんの部屋をどうすることもできません。困り果てた大家さんは弁護士に相談し、戸籍を調べてもらいました。

そしてわかったのは、保証人も1年前に亡くなっていたこと。保証人の子どもは、叔父のA男さんとはもう何十年も会っていないし、部屋の片づけ費用や未払い家賃を払う意思は全くないこと。

A男さんには息子が2人いたこと。そして息子たちは20年以上前に借金をして家を出て行った父親を恨んでいること。A男さんの片づけや負債を負う意思は全くないこと。

結局大家さんは、早く次の入居者を入れたいため、A男さんの相続人に室内の残置物一切を放棄し、処分されても一切の異議申し立てをしない、との確約書を書いてもらい、大家さんの費用で片づけました。

この件で、部屋の片づけ費用30万円・貸室の占拠期間8ヶ月×7万＝56万円・その他弁護士費用、リフォーム代を含めると、優に100万円を超えました。この費用を弁護士に依頼して相続人に請求するか、困った問題です。

1-6-2　想いが届かなかった相続

都内マンションで一人暮らしのB子さん82歳。

弟が一人いますが、若いころから放蕩好きで家にはほとんど寄り付かず、父親は早くに亡くなり、母親も15年ほど前に他界しました。

B子さんは病気がちの母親の面倒を見ながら働き、結婚の期を逃してしまったので、独身のままでした。会社を退職するのを機に、わずかな貯金と退職金でマンションを購入し、今は年金暮らしです。

弟は、母親の葬儀には顔を出しましたが、その後は姉との交流もなく、ちゃんと定職について働くこともしていなかったので、収入もなくなり、身体を壊して行政のお世話になっている、とのことでした。

母親亡き後、気づけば自分も年をとり、心にぽっかりと穴が開いたようになってしまったB子さんは、旅行などに行ってみたり、何か趣味を作ろうと料理教室に通ってみたりしましたが、全く虚しい気持ちが癒えません。

そんな時、地域の家庭環境に恵まれない子どもやお年寄りに食事を作る食育ボランティア活動に参加してみたところ、同じような高齢な仲間とも知り合い、また人に感謝されるという経験をし、生きがいを感じるようになりました。

仲間と共に献立を考えたり、催し物を考えたり、と楽しい時間を過ごしました。

何年か過ぎたころ、弟は若いころの無茶がたたって、病気になり亡くなりました。

B子さんは自分には子どももいないし、弟も亡くなり身寄りもないので、自分亡き後の財産は困った人の役に立つように使いたい、と思い始めました。

でもどうすればよいのかわからず、漠然とした想いを抱えていましたが、ある時期からB子さんの言動がどうもおかしくなっ

てきました。

ボランティア活動に行っても、同じことを何度も言ったり、何をしていたのか忘れてしまったり、また集合時間も守れなくなりました。

様子がおかしいので、仲間たちが病院に連れて行こうとすると、何ともないから、と強く拒否され、怒り出します。

そのうち、ボランティア活動にも現れなくなってしまいました。

ボランティア仲間が何回か訪ねて行ったある日、異変を感じて管理会社と警察に連絡し、室内に入ってみると、お風呂場で転んだのか、悲しい結果になっていました。

誰も相続人がいないと思っていたB子さんですが、警察が調べてみると、亡くなった弟さんは結婚はしませんでしたが、認知したお子さんが一人いることがわかりました。会ったこともない甥っ子ですが、B子さんの相続人になります。他には身寄りがないので、唯一の相続人となります。

B子さんの部屋を整理しましたら、ノートに「自分亡き後の財産は、困った人のために使いたい」、と書き残されていました。

想いはあっても、具体的にどの財産をどのように、と書き残し、日付と署名がなければ有効になりません。

想いは届かないまま、会ったことのない甥っ子が、都内のマンションと残った預貯金を相続しました。


では、A男さん・B子さんはどうすれば良かったのでしょうか。

昨今、高齢者の一人暮らしは増加の一途です。誰しも人様にご迷惑をかけるつもりはないと思いますが、自分亡き後のことまでなかなか気が回りません。

生活にゆとりのない高齢者にとっては、日々の生活で精いっぱいです。行政に相談しても、生活面の補助はしてくれても、亡くなった後のことまでは見てくれません。

寂しい話ですが、身寄りのない方、もしくはあっても全く疎遠になっている方は、早い時期に誰か親身になってくれる方、もしくは専門家などに相談し、亡き後のことを遺言書に書いておくことをお勧めします。

行政によっては、生前に葬儀や納骨の契約ができる取り組みも始まっています。また、部屋の片づけ費用が出る保険もあります。

生きている時さえ良ければ、ということではなく、元気なうちに、自分の終焉の時を、自分の望むとおりに迎えられるよう考えてみたいものです。

コラム 特別縁故者

ちなみに、入籍していない内縁の妻には相続権がありません。ただし、親族に相続人がいなかった場合、家庭裁判所に請求することによって、特別縁故者として相続財産の分与が受けられる可能性があります。特別縁故者としては、次の者が民法に規定されています。

1. 被相続人と生計を同じくしていた者
2. 被相続人の療養看護に努めた者
3. その他被相続人と特別の縁故があった者

ただ、内縁の妻が相続財産の分与を受けるには、事前に家庭裁判所に対して相続人不存在を理由とする財産管理人の選任（通常は弁護士が選任される）の申立てを行い、相続人を捜索する手続に6ヶ月以上の期間が必要です。

Case 7

再婚がもたらす相続トラブル

離婚が増加傾向にあり、再婚も特別なものではなくなりました。子どもがいるもの同士、もしくはどちらか一方に子どもがいる再婚は、高い確率で相続トラブルの原因となります。親が再婚しなければ財産はすべて子どもが相続するはずだったのが、再婚相手が新たな相続人として登場することで子どもの法定相続分の割合は半分になってしまいます。

何も準備をしないで、相続が発生してしまうと、再婚相手と子どもとの間の感情的な問題もあり、遺産分割協議の時点でトラブルになってしまう可能性が高まります。

再婚前にしっかりした話し合いの場を家族間で持ち、その中で相続対策についても準備しておく必要があります。

1－7－1　後妻との間に実子がいる事例

先妻と離婚し、先妻との間に子ども一人、後妻との間に子ども一人がいる夫が、生前に何の対策もしないまま亡くなり、先妻の子どもが財産分けを主張し相続争いになってしまうケースです。

（相続争いにならないための事前対策）

先妻の子に相続権がありますので、遺留分を侵害しない範囲で**遺言書**を作成します。また自宅不動産（後妻・後妻との子どもが居住中）がある場合は、後妻や後妻の子どもを受取人とする生命保険を活用して代償金を準備することも考えられます。（2章2―1―4参照）。

ここがポイント

- 再婚をする前に家族間で話し合いをする
- 夫が遺言書を作成して、後妻と自分の子どもにそれぞれ何を相続させるのかを決める
- 生命保険を活用することで相続争いにならないための事前の対策をする

再婚後夫死亡による分割のトラブル

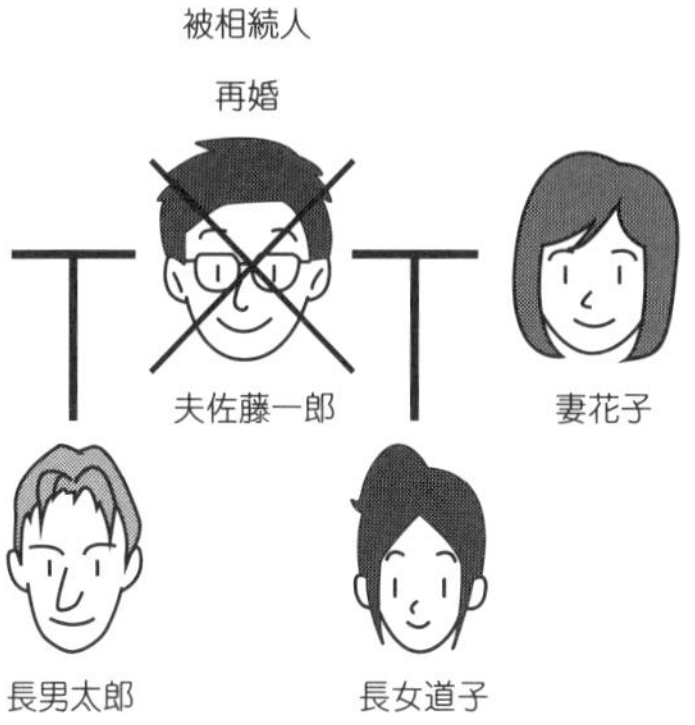

長男太郎：被相続人が再婚しなければ財産はすべて自分が相続するのに、再婚したために４分の１しか相続できなくなった。
妻花子：法定相続分どおりなら財産の２分の１を相続

（事前準備）
◇生前に財産を相続人が把握する
◇公正証書遺言であらかじめ分け方を決めておく（遺留分に注意する）
◇生命保険で、代償金を確保する

Case 8

事業承継の事例

一見争う余地のない円満な相続の場合でも、必ずしもＨＡＰＰＹとはならない相続の事例が、**被相続人が株式会社などの事業を営む場合**です。

被相続人が事業を営む場合には、株式保有割合により企業内部の意思決定が大きく左右されます。企業内部での意思決定における混乱は事業存続や業績に多大な影響を与えるため、事業を円滑に承継していくために「事業の後継者の株式保有割合をどのような配分にしていくか」、「円滑な分割をするための事前準備をどのように進めていくか」という対策が不可欠になります。

さて、被相続人が事業を営んでいる事例で、事業の承継を考慮した相続対策はどのようにしたら良いかを見てみましょう。

１―８―１　X社・社長Aの事例

中古車販売・修理を営む株式会社Ｘ社（従業員20名）は、発行済株式の80％（評価額：

2億5000万円）を保有する社長Aと、同20％を保有する専務B（社長Aの弟）のみが株式を保有する株式会社です。X社は、社長Aが40歳の時に設立した会社で、サービス力に定評があるため富裕な固定客が定着していることから事業は概ね順調でした。

社長Aには妻Cとの間に3人の子ども（長女D、次女E、三女F）がいますが、C、D、E、Fは社業には全く携わっていません。専務Bの長男HがX社の営業課長として働いており、実績や人望もあることから、後継者として自他共に認める存在となっていました。

1年前から社長Aは体調を崩し入退院を繰り返し、事業を専務Bに任せる状況となっていましたが、社長Aはまだ66歳と若く復帰するつもりだったことから、株式についての特別な対策を講じていませんでした。このようななか、社長Aが死亡してしまいました。Aの保有する株式(80％)は、妻Cと子どもD、E、Fが、各々法定相続分に応じて取得することを考えました。しかし、自社株の評価額が2億5000万円もあることから、C、D、E、Fはいずれも**相続税の納税資金を確保することができず**困り果ててしまっています。

C、D、E、Fがコンサルタントに相談したところ、納税のための借金ができたとしても、X社から配当などのリターンは多くを望めないため、**相続した株式を売却**することが最良の策であるとのアドバイスを受けました。X社は、社長Aの方針の下、福利厚生や賞

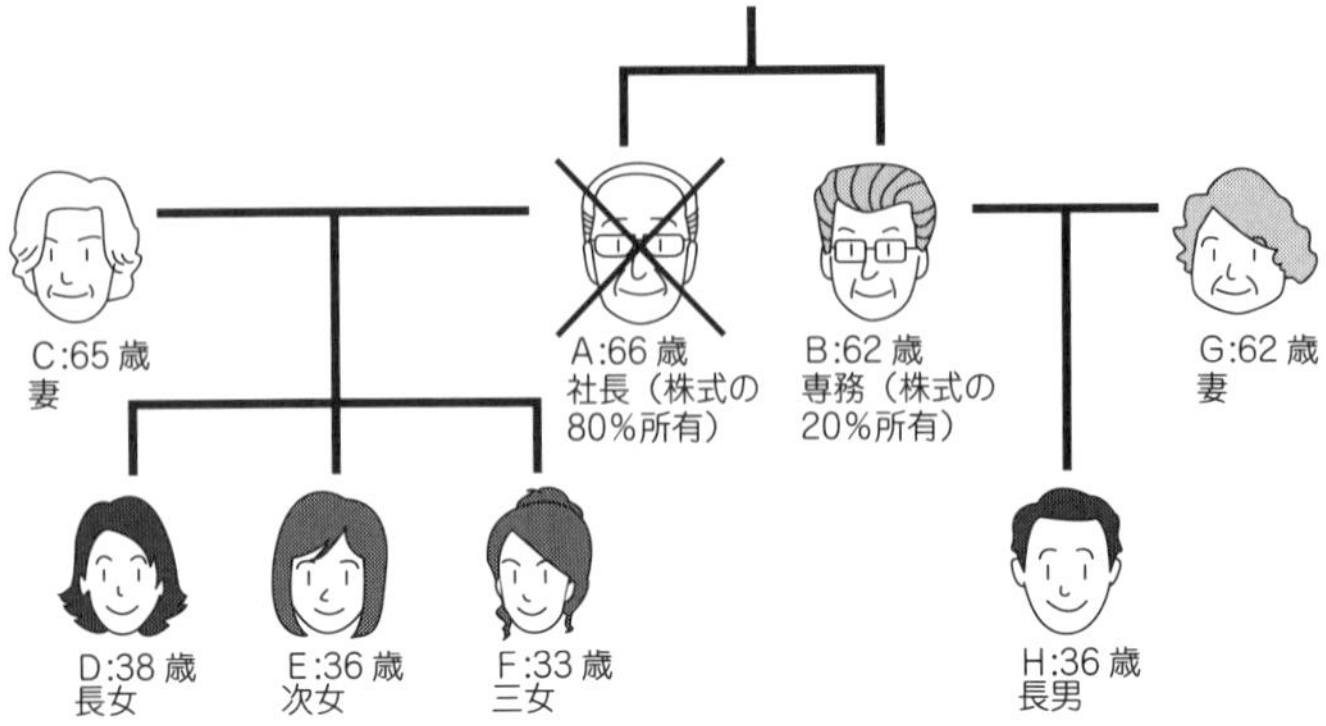

＜相続時の状況＞

○被相続人	：享年66歳		
○相続人	：妻65歳、長女38歳、次女36歳、三女33歳		
○相続財産	：自宅不動産	5,000万円	
	預貯金	3,000万円	
	自社株	2億5,000万円	
	死亡退職金	1億2,000万円	（未確定）

与を充実させてきたために内部留保は薄く、X社の80％の株式を買い取る資金力は持ち合わせていません。また、専務Bや幹部従業員も80％の株式を買い取るだけの資金力はありません。

そこで、相続人のC、D、E、Fはその株式を第三者に売却することができないかと模索しています。Bが社長に昇格することは調整できそうですが、Bや幹部従業員は敵対的意図を持った第三者が過半数の株式を取得するおそれを抱き業務に専念できないでいるため、社長Aの死後は急速に業績が下降してしまっています。

さて、このような状況で、X社と相続人のC、D、E、Fはどのようにしたら、また、被相続人のAとX社はどのような対策を講じていれば良かったのでしょうか？

1―8―2 今どのようにすれば良いか

当ケースでの相続人C、D、E、FにとってはHAPPY相続を迎えられる要素が少ない、というのが正直なところです。というのも、相続財産を算定する際の自社株式の株価評価と、M&A（企業の買収や合併）のような第三者との株式売買時の株価評価とは異なることが多く、一般的にも前者のほうが高くなる傾向にあります。後者の場合にも、株価算定方式はさまざまあるのですが、最終的には買い手と売り手の交渉事となることから、当ケースのように株式を現金化する必要性がある場合には、売り手の足下を見られて株式の売り値が大幅に低くなってしまうことも考えられます。

X社の取締役会等決議を待たねばならず未確定ではありますが、Aの死亡退職金を含めた相続財産全体で納税資金の過不足を検討することが必要となりますので、次の4点について、コンサルタントやX社（顧問税理士含む）などと相談を行うようにしましょう。

・二次相続の問題が先送りされるが、納税負担を少しでも減らすために、配偶者の法定相続分についていては、「税額の軽減」の手続を進める

・株価の条件を含めて友好的なM&Aが進められる買い手を探す
・X社の経営立て直しを前提にして、一時的に納税のための借り入れ、X社がC、D、E、Fから自社株を購入するための計画づくりを進める
・X社の経営立て直しが難しく、相続人が清算による痛手を負わない場合には、廃業や解散という清算手続を検討する

1-8-3　どのようにしておけば良かったのか

当ケースのような中小企業の事例では、所有（株式の保有）と経営（企業における意思決定）が一体化していることが多いため、事業承継では、財産の承継だけに留まらずに**経営における支配権の確保を考慮した相続対策**が必要になります。

そのためHAPPY相続に向けては、一般的には10年間程度の**事業承継計画**を作成・実行する長期的な取り組みが必要と考えられます。その対策として次に一例をあげると、Aの死亡時に重点を置いた対策である①②③、AからHへの経営者交代時に重点を置いた対策である③④などが考えられます。一つではなく、複合的な対策も必要となりますので、コンサルタントやX社の顧問税理士などと相談しながら進めましょう。

①「X社が契約者、被相続人であるAを被保険者、保険金の受取人をX社」として生命保険に加入し、X社が受け取った保険金を各相続人から自社株式を買い取る資金に活用したり、役員退職金の支払いに充当したりする

メリット……相続人から自社株式を買い取ることで、X社の意思決定がスムーズになる。

デメリット…X社が十分な保険金を受け取るためには掛金負担が重くなり、X社の業績次第では実現することが難しい。

②「Aが契約者であり被保険者、保険金の受取人を各相続人」に指定した生命保険に加入することで、各相続人の納税資金を確保する

メリット……納税資金を現金で確保することができる。

デメリット…C、D、E、Fが受け取った保険金は相続税の課税対象となるため、課税を踏まえた準備が必要となる。また、経営が全くわからないC、D、E、Fが株式を持つことで、専務Bの求心力が低下することは避けられず、また社長親族と専務の間で経営権争いが発生する可能性があり、最善とはいえない。

③暦年課税制度を利用して、Aの株式を後継者であるHに贈与することでHの株式保有

割合を高めていく。それと並行して、Hの贈与税の原資を確保するため、Hを早期に役員に登用し、役員賞与を手厚く支給する

メリット……長い時間をかけて株式を移転することで、少ない負担でHの株式保有割合を高めていくことができる。

デメリット……相続人であるC、D、E、Fの心情的な禍根が残る場合がある。また、X社の業績次第では、Hへの役員賞与を手厚く捻出することができないおそれがある。

④ Hが自社株を購入しやすくするために、Hを役員に登用、役員賞与を手厚く支給して自社株の購入原資とし、自社株式の評価を下げたタイミングで経営者交代とAからHへの自社株式移転を同時に行う。自社株式の株価評価を下げる方法としては、不良債権の貸倒償却などを利用してX社の利益を圧縮、Aの役員退職を早めて役員退職金を支払うことで純資産を減少させることなどが考えられる

メリット……長い時間をかけた対策を取れることで、経営者と後継者ともに多角的な準備を行うことができ、事業承継としては理想的なパターンといえる。

デメリット……X社の業績の状況では、Hへの役員賞与を手厚く捻出することができないおそれがあったり、計画期間の前にAが急逝してしまうと、新たな対策が必要となってしまったりする。

【事業承継税制について】

２００９（平成21）年税制改正で、事業承継の際の後継者に対する株式の譲渡（相続・贈与）に伴う税負担を軽減するために、一定の要件をみたした場合に、中小企業の後継者が現経営者から会社の株式を承継する際の相続税・贈与税の軽減制度が設けられました。

しかし、当該制度の要件が厳しく、なかなか活用されていないという現状がありました。

そこで、２０１８（平成30）年度税制改正において、より中小企業の事業承継がスムーズに行われるように、以下のとおり事業承継税制が改正されました。

【２０１８（平成30）年税制改正】

概要 10年間の特例措置として、要件の緩和や撤廃を含む拡充が行われました。納税猶予の対象となる非上場株式の割合が拡充されるとともに、税額の全額が猶予されるようになります。また、対象範囲も複数の後継者（最大３名）まで範囲を拡大し、経営環境の変化に対応した減免制度を創設する等の改正がなされます。

内容

① 納税猶予対象の株式の制限（発行済株式数の3分の2に達するまで）の撤廃

② 納税猶予割合の引上げ（対象株式に係る税額の100%が対象）

③ 後継者は、議決権の10%以上を保有する2名または3名まで対象が拡充

④ 売上高の減少等の場合に、一定の猶予税額の免除

⑤ 雇用確保要件の弾力化

適用時期 2018（平成30）年1月1日から2027（平成39）年12月31日までの間に贈与または相続もしくは遺贈等により取得する財産に係る贈与税または相続税

以上の制度をうまく活用し、スムーズな事業承継ができるように手続を進めてください

制度の詳細は、国税庁・中小企業庁のHPを参照してください。

2章

不動産でトラブる
5つのケース

Case 1

主要な財産が不動産のケース

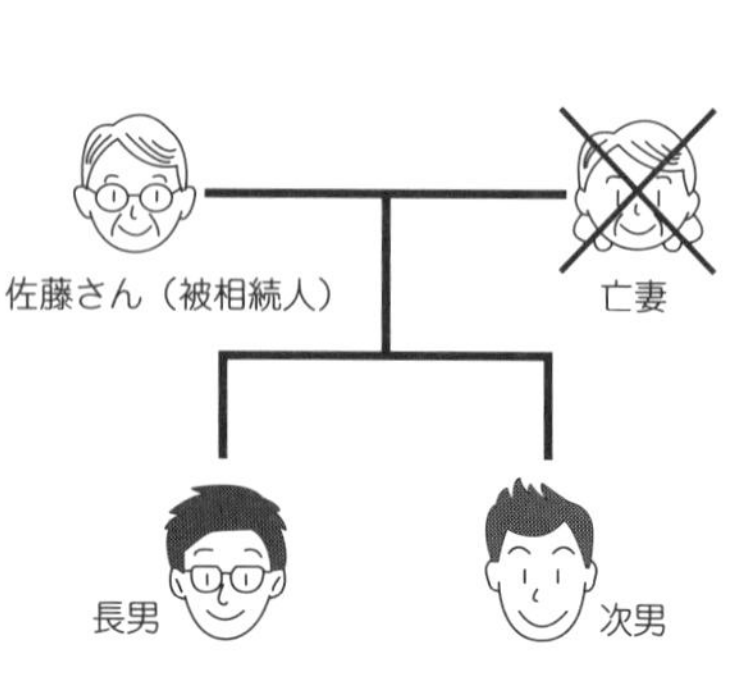

●佐藤家のケース

【前提条件】

・被相続人（享年80歳、妻は10年前に死亡）

・財産　自宅不動産　4000万円
　　　　銀行預金　　2000万円
　　　　合計　　　　6000万円

・相続人　子ども2人（長男47歳、次男45歳）

佐藤さんの妻は、佐藤さんが亡くなる10年前に肺がんで死亡。長男家族は、佐藤さんが亡くなるまで実家で佐藤さんと同居しました。佐藤さんが亡くなるまでの10年間、長男の嫁を中心とした長男家族が佐藤さんの面倒を見てきました。

長男は、佐藤さんが生前、「自宅不動産は長男にやる」と言っていたことや、長男家族が佐藤さんの面倒を見てきたこともあり、当然自宅不動産を相続できるものと思っていました。

ところが、佐藤さんが亡くなったとたん、次男より「兄貴が自宅不動産を相続するのはもらいすぎだ！　俺には法定相続分として、３０００万円もらう権利があるはずだ！」と言い出し、「争族」となってしまいました。

次男の言うとおり、法定相続分に基づいて財産を分けるとすると、長男は１０００万円もらいすぎということになり、長男が次男に１０００万円現金で渡すか、自宅不動産を共有名義で相続することになりますが、１０００万円の現金は払えそうになく、佐藤さんの介護等で面倒を見てきた長男としては納得いかない気持ちが残ってしまいました。

2―1―1　問題は家計資産の大半が不動産であること

図2―1は、70歳以上の家計資産について、種類別に表したグラフですが、日本人の財産の大半は、金額が大きく分割することが困難な不動産です。

法定相続分に基づいて簡単に分割することができない**不動産**の存在が、**遺産分割でもめる大きな要因の一つ**といえます。

図 2-1

70 歳以上世帯の家計資産　種類別構成比 (2014(平成26)年)

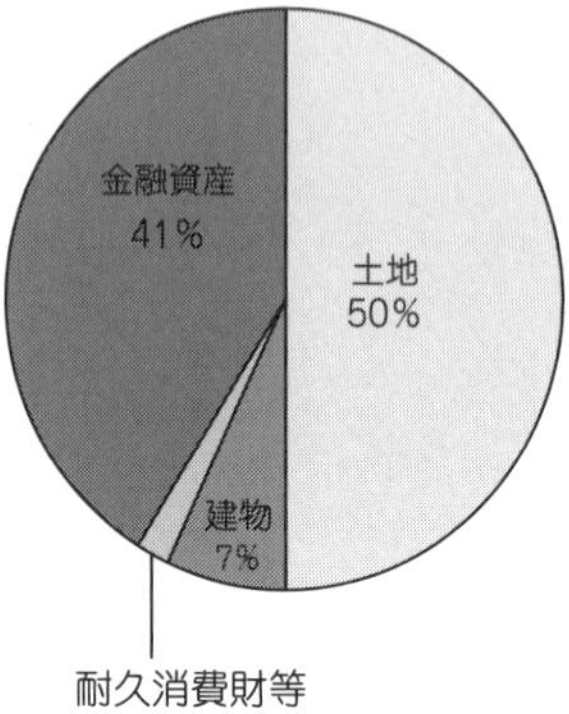

財産の種類	金額（万円）	構成比率
土地	2,380万円	50%
建物	334万円	7%
耐久所費財等	101万円	2%
金融資産(※)	1,944万円	41%
資産合計	4,759万円	100%

保有資産の約 6 割が「不動産」

総務省ＨＰより作成
※金融資産は（貯蓄一負債）

相続問題とは、自宅を中心とする親の不動産をどう継ぐかということにほかならないのです。

2-1-2 不動産の分割方法

不動産の分割方法については、次の４つの方法があります。

① 現物分割

不動産を現物のまま分割する方法ですが、法定相続分どおりに、平等に現物で不動産を分けることは極めて困難といえるでしょう。

土地について、平等に近く分割できる場合がまれにありますが、細分化されたり地形が悪くなるなどしてその土地が利用しにくくなり、不都合が生じることも多いです。

本件のように、自宅建物が建っており、長男家族がそこに居住しているような場合には、現実的に分割することはほとんどできません。

また、仮に相続財産の中に複数の不動産がある場合でも、全く同じ不動産は二つとないので、平等に分けることは極めて困難なのです。

② 換価分割

不動産の全部または一部を売却して金銭に換え、分割する方法です。不動産を分割することが不可能であったり、不都合がある場合などにこの方法がとられます。

たしかにこれができれば平等に分割することができますが、本件では不動産に長男家族が居住していますので、売却してしまったら住むところがなくなってしまいます。相続があったからといって、簡単に売却するという決断はしづらいのではないでしょうか？

③ 代償分割

特定の相続人が、相続分を超える現物不動産を取得する代わりに、金銭などの自己の固有財産をほかの相続人に対して支払う方法です。

本件では、主な遺産が４０００万円の自宅不動産で、相続人は長男、次男の２人兄弟で

図 2-2

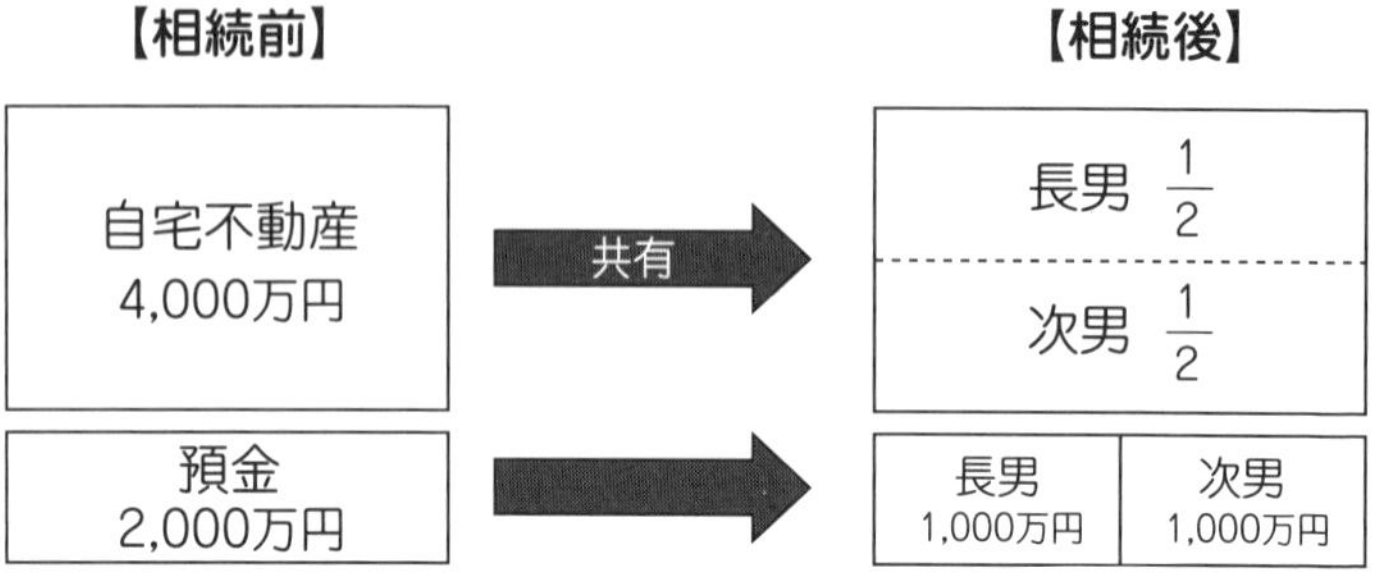

す。長男がこの自宅不動産を相続し、次男に１０００万円を支払う場合などがこの方法に該当します。

これができれば、ある程度平等に不動産を分割することができますが、本件では長男が相当程度の自己資金を準備しなければならず、１０００万円の現金は払えそうにありません。

④ 共有分割

不動産に対し、複数の相続人で持分を定め、共有名義にする方法です。

不動産の分割に便利なので、不動産を共有で相続することも多いのですが、後になって何らかの問題が発生することがよくあり、不動産の共有は、「問題の単なる先送り」であるといえます。

本件において、図２―２のように自宅不動産を兄弟が持分２分の１ずつで共有分割したとします。

このときは、兄弟平等に仲良く分けたような気になり、その後の兄弟仲も良く、問題が起こらないかもしれません。しかし、この兄弟にさらに相続が発生した場合どうなるでしょうか？

そうです。孫同士、いとこ同士の共有になってしまうのです。共有人数が増えて権利関係が複雑になるうえに、ふだん会うこともないような関係性が希薄な共有者間ではもはや話し合うことさえ難しくなり、問題が大きくなるだけです。

たとえば、建物の建て替えが必要となった場合、建物を共有で相続すると、共有者全員の同意が必要となりますが、お互いの事情を知らない疎遠ないとこ同士が、話し合いでこの問題を解決していくことは難しいでしょう。

不動産を共有で相続することは、売却予定である等一定の場合を除き、避けたほうが良いといわれています。

2―1―3　不動産の評価をどうするか？

財産を法定相続分どおりに公平に分けるにあたって、さらに難しい問題が**「不動産の評価」**です。

現金や銀行預金は簡単に評価することができますし、株式や投資信託などの評価も比較的容易に調べることができます。

しかし、不動産、特に土地の金額は「一物四価」といわれ、いろいろな価格があります。代表的な価格としては、一つの土地について、**「固定資産税評価額」「相続税路線価」「公示価格」「時価」**があり、ほとんどの場合すべて異なった価格となります。

一般的には「公示価格」の水準を100とすると、相続税路線価は80、固定資産税評価額は70くらいといわれていますが、公示価格と時価＝実際の売買価格は同額ではありません。

また、都心の商業地などでは相続税路線価の2倍以上で売買されることもありますし、地方の住宅地などでは相続税路線価で買い手がつかないこともあります。

つまり、不動産の価格には唯一無二のものはなく、どれが正しく、どれが正しくないとはいえないのです。

2-1-4　佐藤さんはどうすれば良かった？

対策①　遺言書を作成する

主要な財産が自宅不動産のケースで、同居の子どもに自宅を相続させたいときは、遺言書を作成しておくことが重要です。

財産は、亡くなった人の意思である「**遺言**」に従って分けるのが原則であり、法定相続分は、あくまで遺言書がない場合の財産の分け方です。

本件では、父親である佐藤さんが、自宅不動産4000万円を長男に、銀行預金2000万円を次男に相続させるとした遺言書を作成していれば、次男の遺留分（相続財産6000万円×法定相続分2分の1×遺留分2分の1＝1500万円）は侵害されていないため、長男は何の問題もなく、単独で自宅不動産を相続することができたわけです。

なお、遺言書を作成するときに、なぜこのような財産分けにしたのか、「**付言事項**」としてその気持ちが記載されていれば、相続人の納得感もあります。

本件では、長男家族が最後まで父親の面倒を見ており、これに対する父親の気持ちも財産分けで考慮されていること等を「付言事項」として記載しておけば、相続人間の争いを防ぐ効果が期待できます。

対策② 生命保険を活用する

特定の相続人が死亡保険金の受取人に指定されているときは、**生命保険金**は相続財産ではなく、受取人固有の財産となります。

図 2-3

○生命保険を使った代償分割の例

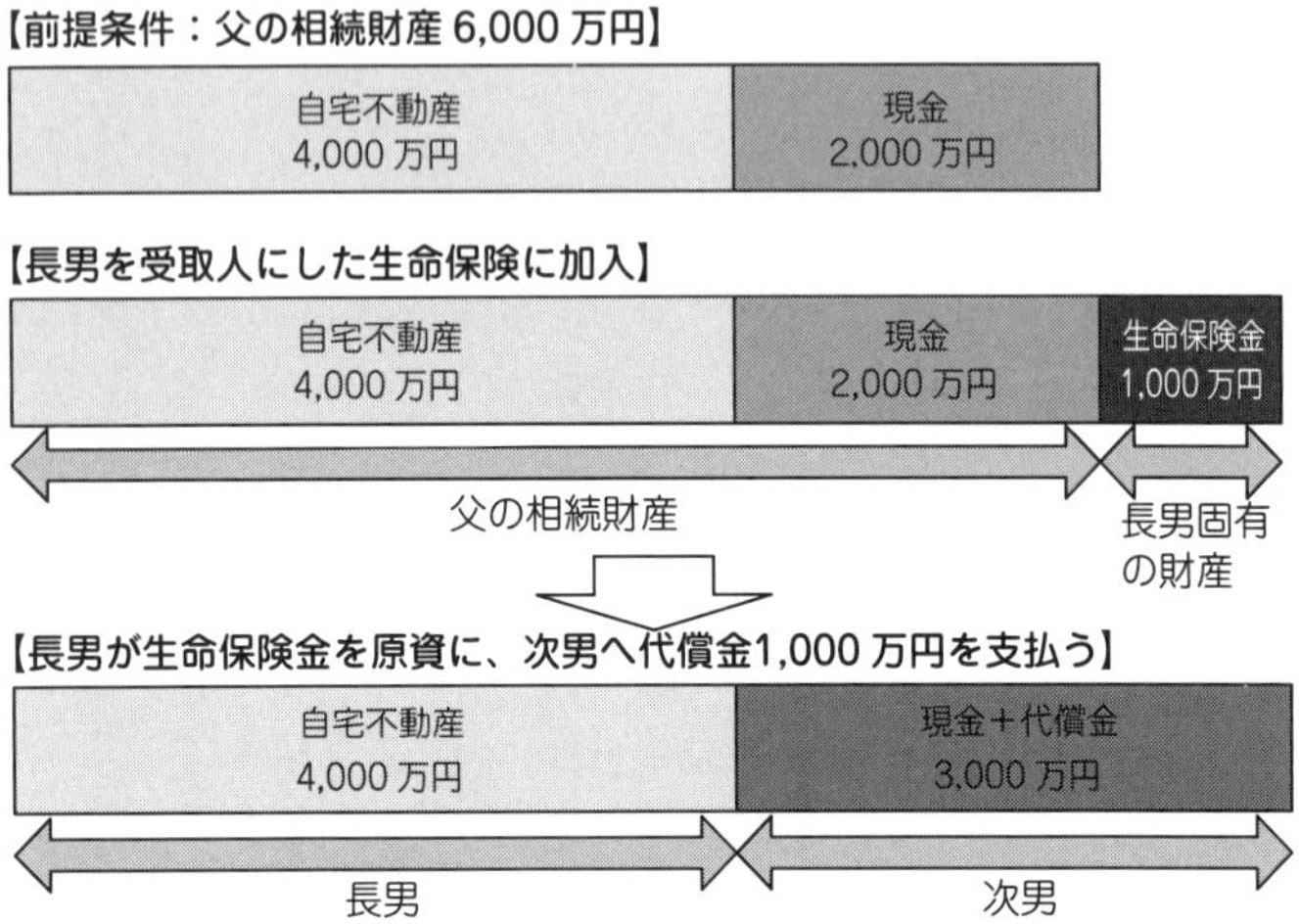

したがって、生命保険金を代償分割の原資として活用することにより、ある程度平等な遺産分割を実現することが可能となります。

本件では、父親である佐藤さんが、長男に自宅不動産を相続させるとする遺言を作成したうえで生命保険に加入し、長男を保険金の受取人に指定します。佐藤さんが亡くなったときには、長男は相続財産とは別に生命保険金を受け取ります。

自宅不動産を相続するかわりに受け取った生命保険金を**代償金**として次男に渡すことにより、平等な遺産分割が可能となるのです。

Case 2

事業用不動産を相続するケース

●山田家のケース

・被相続人（享年70歳、妻は5年前に死亡）
・相続人　子ども２人（長男40歳、次男35歳）
・財産　自宅不動産　５０００万円　銀行預金　５０００万円
　事業用不動産（築10年）　１億円　合計２億円
・事業用不動産収入　相続時の空室率50％　年間５００万円
（満室想定　年間１０００万円）

山田さんが亡くなる5年前に妻は胃がんで死亡。それ以来、山田さんが一人で自宅不動産に住んでいました。一方、長男、次男とも、サラリーマンとして上場企業に勤務しており、自宅として別々の不動産を購入し、ローンを返済しながら家族と住んでいました。

事業用不動産の収入は満室想定では年間１０００万円ですが、相続時は空室率が50％であり、年間500万円となっていました。山田さんだけが事業用不動産の運営にかかわっており、長男、次男とも、不動産経営には興味もなく、一切関与しておりませんでした。

ところが、山田さんが亡くなったとたん、日ごろ仲の良かった長男、次男とも年間1000万円の収入が見込める事業用不動産を相続することを希望し、遺言書がなかったこともあり、争いとなってしまいました。

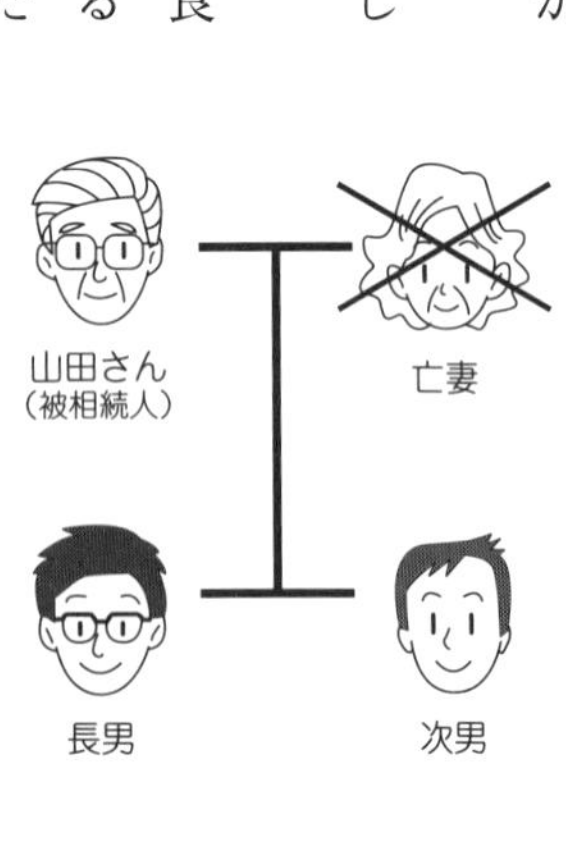

生前に相続対策がなされていなかったため、山田さんが住んでいた自宅不動産を相場よりも安く売却し相続税支払いの原資としました。長男、次男とも双方の意見を譲らず、仕方なく、相続税支払い後の現預金を半分ずつ、事業用不動産を50％ずつの共有として相続することにしました。

長男、次男とも不動産経営は未経験のため、父が生前より依頼していた不動産会社に一任しましたが、成約もなく、空室期間が長期化するうちに解約が出て、不動産収益が減少しました。また、保証金の返還も必要となり、さらに資金繰りは悪化しました。

その後、不動産収益の少ないなか、建設会社から提案された見積りどおりの大規模修繕工事を実施するために、事業用不動産を担保にした追加の銀行借入を実施しました。数年後に、その返済も途中で払いきれなくなり、仕方なく、事業用不動産まで売却することとなってしまいました。最終的には、長男、次男とも交流がなくなり、相続した自宅不動産、事業用不動産、現預金すべて手元に残らないといった残念な結果となってしまいました。

2-2-1 相続が失敗に終わった5つの原因

残念ながら、山田さんが一生懸命に残した事業用不動産などの相続に失敗してしまった5つの原因を考えてみましょう。

①山田さんが一人で不動産運営にかかわり、長男、次男も無関心だった
②事業用不動産の収益改善ができていなかった
③長期修繕計画などの費用を考慮した相続対策をしていなかった
④不動産経営を山田さんが依頼していた不動産会社に一任していた
⑤山田さんの思いなどを伝える付言や遺言書が存在していなかった

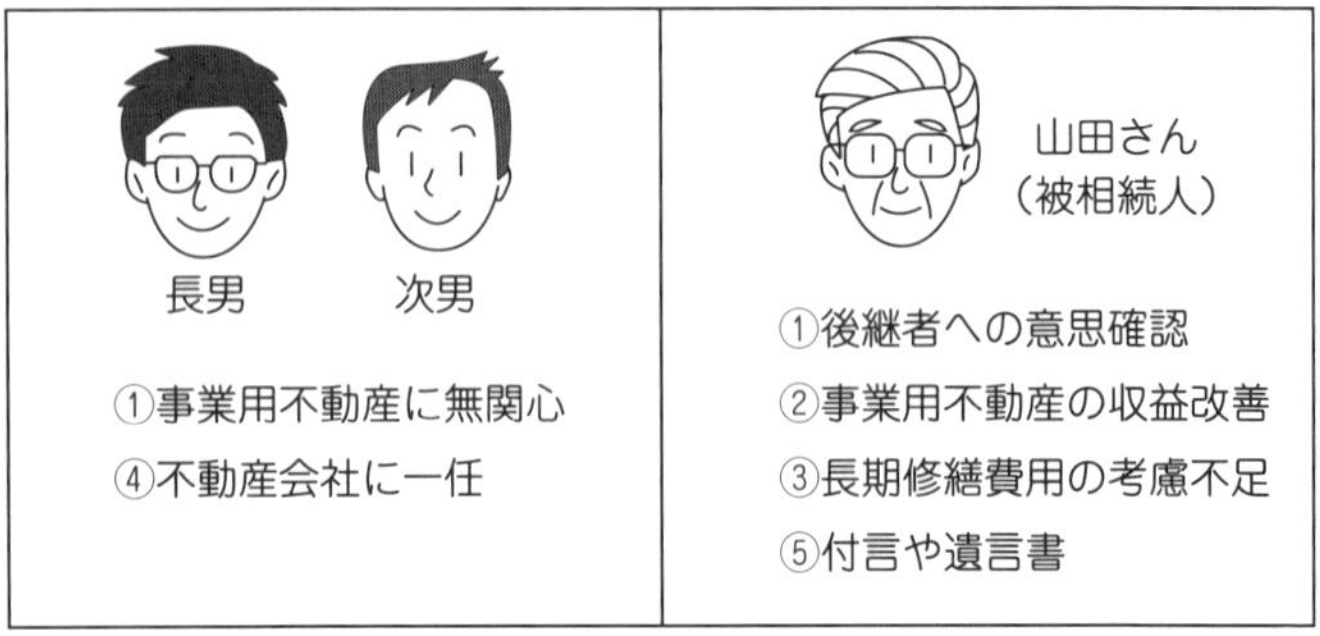

このように、自宅用不動産に比べて、**事業用不動産ならではの相続対策として、事前に準備しておくべきポイントがある**ことにお気づきでしょうか？

2－2－2　山田さんはどうすれば良かった？　～事業用不動産を後継者にＨＡＰＰＹ相続するための５つのポイント～

事業用不動産を所有している場合、生前の準備がとても重要となります。準備をしていない状態で相続が発生した場合、後継者が思わぬ苦労をする、という事例が少なくありません。それでは、事業用不動産を後継者にＨＡＰＰＹ相続するための５つのポイントにつき、それぞれ説明していきましょう。

①　生前に、物件ごとに１名の後継者を決定し、不動産経営のノウハウを承継する

自宅不動産の場合、雨漏りなどがあっても、そこに住んでいる家族だけの問題となりますが、事業用不動産の場合は、入居者／テナント企業が関係するため、決断の遅れは、大きな損害につながります。

「いくらで募集するか？」「入居申込みに対してどのような対応をとるか？」など、不動産収入を増やすための意思決定だけでなく、「どのような時期に、どのような修繕を実施するか？」「どの不動産会社に、どのような建物管理内容を依頼するか？」など不動産を維持するためにも、迅速な意思決定が求められます。

そのため、**共有ではなく、物件毎に後継者1名**とすることを強く強くお勧めします。その後継者に対し、生前より不動産経営のノウハウを承継することが重要です。

② 生前に、必要な投資を行い、運営改善を後継者と一緒に実施する

相続時の入居率は相続税に影響します。空室が少ないほど、相続税の節税ができます。

バブル時代のように、募集看板をつけて待っていれば自然と成約できる時代は終わりました。また、インターネットの普及により、現地を確認せず、ネット上で外観や募集条件を見て、勝手に判断され、候補から除外されるリスクは以前より高まっています。そのため、不動産マーケットの動向を理解し、クライアントのニーズへ対応するためのリフォームや

耐震補強工事などの投資により、事業用不動産の価値を高めることが重要となります。

③　生前に、長期修繕計画などの費用も考慮した相続対策をする

自宅用不動産に比べて、事業用不動産では修繕費用が大きな金額になるため、収入や毎月の費用だけでなく、長期修繕計画などの費用も考慮した相続対策を生前に後継者と一緒に実施することをお勧めします。できれば相続発生前に、必要な修繕が終わっていることが望ましいと思います。

④　生前に、これからの時代にあった信頼できるビジネスパートナーをつくる

時代とともに、クライアントの要求レベルも高くなっており、募集手法も多様化してきています。先代がおつき合いをしてきた税理士・弁護士・不動産仲介会社・管理会社・メンテナンス会社などのビジネス

生前に、後継者と一緒に

①物件ごとに１名の後継者を決定し、ノウハウを承継
②必要な投資を行い、運営改善を実施
③長期修繕計画などの費用も考慮
④これからの時代にあったビジネスパートナーづくり
⑤円満な話し合いに加えて、付言や遺言書も準備

パートナーとそのままおつき合いする場合には注意が必要です。その会社が「旧態依然のやり方しかしない会社であるか？」**「常に新しいものに対してチャレンジする風土があるか？」**を見極める必要があります。生前に、これからの時代にあった信頼できるビジネスパートナーを後継者と一緒に探されることをお勧めします。

⑤ 生前に、円満な話し合いを行い、思いなどを伝える付言や遺言書はきちんと準備する

事業用不動産を相続する場合は特に、高額な財産を相続し、その後も継続的な新しい収益が期待できるため、関係者が「争族」となってしまうリスクが高くなります。

相続後の対応では限界があるため、事業用不動産の現在の価値、今後の収益見込み、今後必要となる費用などを理解したうえで、円満な話し合いを行い、生前に相続対策を行うことが重要です。

そのうえで、先代の思いなどを伝える付言や遺言書をきちんと準備されることを強くお勧めします。

2-2-3 事業用不動産の後継者がいない場合にはどうするべきか？

生前に後継者候補に対し、事業用不動産の承継について意思確認をした場合、親族の中

に、承継を希望する方がいない場合もあるでしょう。具体的には、
・すでに他社に就職しており、重要なポストについていて、引退がまだまだ先の場合
・相続対象の不動産が古すぎて、収益よりも修繕費用が大きすぎる場合
・もともと後継者がいない場合
などが考えられます。

事業用不動産の後継者が親族にいない場合の対策について、いくつか紹介しましょう。

①事業用不動産を売却し、現金化する

②事業用不動産を売却し、親族の自宅不動産を買い替える

③第三者の後継者を見つける

など、専門家に相談しながら、親族と一緒に考えることが重要であると思います。

2-2-4 まとめ ～事業用不動産 HAPPY相続のススメ～

不動産コンサルティングとして実務に携わるなか、事業用不動産を所有していた親が急に亡くなり、今までとは全く業界の異なる方が、サラリーマンを辞職して、不動産オーナー業を急に承継した事例を多くみております。長年苦労して守ってきた不動産資産を上

手に承継できない方も不幸であると思いますが、事業用不動産を承継することで、今まで考えていたライフプランが意図せず急変してしまう後継者も大変だと思います。

最後に、事業用不動産をＨＡＰＰＹ相続するための３つのキーワードを再確認したいと思います。

１ 生前に
２ 物件ごとに1名の後継者を決定し
３ 後継者と一緒に相続対策！

生前に経営者および後継者の方が、世代を超えて、事業用不動産経営のビジネスパートナーとの信頼関係を構築し、これからの時代にあった信頼できるビジネスパートナーと一緒に、事業用不動産経営を円満に継承されることを心よりご祈念致します。

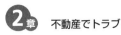

Case 3

相続対策における一括借上げアパート建築の落とし穴

相続対策の定番ともいえる**アパート建築**。税制の改正により今後ますます相続問題が多くなることが考えられることからも、アパート建築を検討する方は多くなるのではないでしょうか。ここでは、そうした相続対策におけるアパート建築について、思わぬ落とし穴にはまらないためのポイントをくわしく解説していきます。

まず、その解説の前になぜ相続対策にアパート建築が有効なのかを説明しましょう。

「プラスの資産」－「マイナスの資産」＝「課税資産」

この課税資産が相続税を計算するうえで基となる金額となるため、相続税を減らしたいと考えたときには、プラスの資産を減らし、マイナスの資産を増やして課税資産を減らせば良いのです。この原則と法律を上手に活用することで節税をすることができるのが『アパート建築』なのです。左記の図をご覧ください。更地のまま相続をした場合は、現金と

図 2-4

	更地の場合の課税資産	1億円かけてアパート建築した場合の課税資産（1億円の内訳 現金5,000万円、借入5,000万円）
現金	5,000 万円	－
土地	1 億円	7,900 万円（－2,100 万円の圧縮） ※P 102（2-5-2）参照
アパート	－	4,200 万円（1 億円のアパートに対して －5,800 万円の圧縮） ※P 102（2-5-2）参照
借入	－	－5,000 万円
合計	1.5 億円	7,100 万円

更地と比べ課税資産の評価を
7,900 万円圧縮できた。

合わせて課税資産が1億5000万円。一方アパートを建てた場合は、課税資産が7100万円となります。これは、アパートを建築することにより土地の評価が下がること、実際にかかる建築費用よりも低く建物を評価することができること、それぞれの要因から、更地の状態と比べ、課税資産の評価額を下げることができたのです。

アパート建築をするうえでのメリットはこれだけではありません。

アパートを建築した場合、更地と比べ土地の固定資産税は6分の1、都市計画税は3分の1となり、更地のときと比べ税額を大きく下げることができます。毎月の収入のアップ、固定資産税および相続税の圧縮を一度に行うことができるため、土地の運用方法としては非常にメリットの高い活用方法といえるのです。

しかし、気になるポイントもあります。確かに賃貸経営が順調にいけば問題ないのですが、もし、空室ばかりで賃貸経営が順調にいかなかった場合はどうでしょうか？　相続税は節税できても借入の返済ができなくなってしまうのでは、単に負債（借入）を抱えただけになってしまいます。

一見メリットのある賃貸経営ですが、そこには多くのリスクが潜んでいるのです。

①空室リスク、②家賃滞納リスク、③家賃下落リスク、④修繕費用負担リスク、⑤敷金トラブルリスク、⑥大規模修繕リスク、⑦入居者クレームリスク　などです。

また、賃貸管理には大家さんが入居者と直接契約する方法と、大家さんがアパートの全室を不動産会社と契約する「**一括借上げ方式**」、別名「**サブリース**」という方法の大きく分けて二つの方法があります。

「一括借上げ」とは、不動産業者がそのアパート全室を大家さんから借り上げ、その業者さんが転貸として第三者に部屋を貸すことをいいます。そのため、アパートの空室の有無

図 2-5

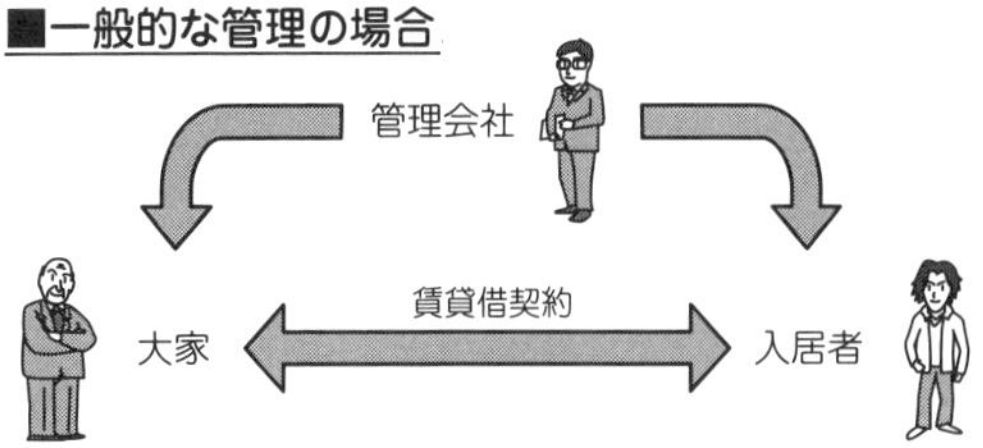

にかかわらず、不動産の所有者は、一括借上げ会社から毎月一定の借上賃料をいただくことができることになります。一括借上げをしている不動産会社は、このような契約にすることで、賃貸経営のリスクの多くを解消することができるとしています。

そして、多くの所有者は一括借上げによるアパート経営をすることで、相続税の圧縮と、賃貸経営のリスクを合わせて解消することができると考えています。しかし、はたして本当にそうでしょうか？

実は、一括借上げのアパート経営には大きな落とし穴があるのです。

そもそも、賃貸市況は、今後非常に厳しいものになっていくことが予測されます。

なぜなら、不動産の賃貸市況は「**需要と供給**」に左右されるからです。

簡単に説明しますと、賃貸でいう需要は人口。供給は、建物の数。今後の人口は、皆さんもご存知のとおり減少していくばかり。一方、建物のほうは、今後も多くの建築がされることが予想されます。そうなれば、賃貸の空室問題は年々厳しくなることが容易に予測できます。そうしたなかで、賃貸経営をするということは、実は非常に大変なことなのです。そのため、一括借上げ業者も一括借上げをすることでその大きなリスクを背負わなければなりません。とはいえ、業者も十分そのリスクは承知していますし、かつ、そのリスクにプラスして十分な利益を生むような仕組みで一括借上げを提案しています。では、その利益はどこからきているのでしょうか？　それは、大家さんであるあなたの建築費と賃料収入です。では、ここまでを踏まえたうえで、ここから注意すべき**一括借上げ（サブリース）の落とし穴**を説明していきます。

①　一括借上げの期間中に家賃が減額されるリスク

一括借上げを行うことによって多くの人は、家賃について長期に一定金額保証されると思っているようですが、実は、それは大きな間違いです。契約書をよく見てください。サブリース原契約書（国土交通省）では、「土地または建物の価格の上昇、低下その他の経済事情の変動により賃料が不相応となった場合には、協議のうえ賃料を改定することができる。ただし、賃料の改定は2年ごとにおこなう」と明記されています。つまり、2年ごとに家賃交渉が行われる可能性があるのです。

② 一括借上げを一方的に解約されるリスク

築年数が経過することで空室率が増え、メンテナンスにも手間がかかるようになったとき、家賃の減額請求、過大な建物設備の追加投資の請求を行い、大家さんが拒むようであれば、サブリースは継続できないと言われ、契約やそのときの状況にもよりますが一方的に解約をさせられてしまう可能性もあります。

③ リフォーム費用や修繕費、メンテナンス費用は大家さんが負担

多くの場合、入退去時の室内のリフォーム費用、建物の巡回清掃、共用部分の水道光熱費など、あらゆる費用は大家さん負担となります。そして、そうした修繕を行う会社は、一括借上げ業者の『指定業者』であることが多く、大家さんが業者を選ぶことができない場合もあります。もし、一般の修繕費用よりも高い費用がかかるとしたら、長期的に考えると、どれだけ余計な費用を負担しているかわかりません。また、なかには修繕費用はかからないことをうたった契約もあるでしょう。それは、毎月一定金額を家賃から差し引か

れ、それを修繕費にあてるというもの。冷静に毎月かかる修繕費を10年間で計算してみましょう。本当に新築後10年間でそれだけの修繕費がかかるのでしょうか？　実際は新築から10年というのは、大きな修繕はほとんどありません。そのため、実際の修繕費用以上にお金も負担している可能性があります。

④　礼金、更新料は一括借上げ（サブリース）業者がもらう

入居者からいただく礼金、更新料、これらも大家さんには入ってこないことが多いです。すべて一括借上げ業者の収入となります。とはいえ、今後の賃貸市況から考えるとこうした一時金は減少してくることが考えられ、この影響についてはは大きなものではありませんが、大家さんとしては把握しておくべき内容です。

いくつかポイントをあげましたが、そもそも一括借上げ業者は、家賃の約10～20％を収益として事業を行っています。一見、一括借上げ業者は、空室のリスクを負うことができるほど賃貸経営に自信があるようにみえます。しかし、実際はそうではなく、契約書をよく確認しないと大家さんが思わぬ損失を被ることが、ご理解いただけたのではないでしょうか。

相続対策を行ううえで、『アパート建築』は有効です。しかし、その裏にあるリスクを十分に理解したうえで建築しなければ、相続対策のためのアパート建築が、負債を抱えるだけのアパート建築になりかねません。では、こうしたリスクをできるだけ少なくしてアパート建築をすることはできないのでしょうか？　実は、それは十分可能です。

それは、あなたが『学び』『行動』を起こすこと。

幸いにして、今では『相続』も『賃貸経営』も学ぶ場が、多く存在します。

そうした場に、積極的に参加することでリスクや不安を一つ一つ解消することができるようになるでしょう。この本によってあなたが積極的にそうした場に参加されるようになれば幸いです。とはいえ、相続や賃貸経営には幅広い知識が必要となります。そのため、正しい判断ができるようになるには、膨大な時間が必要になるでしょう。

そうした時は、幅広い知識をもった専門家のサポートも必要です。

『法律』『税金』『建築』『相続実務』『賃貸経営実務』『融資』『建築、リフォーム』『保険』など、一つだけに特化しているのではなく横断的な視野で、あなたの相続対策をサポートすることができるパートナーを見つけましょう。

Case 4
次世代に苦労を残さないための境界確定測量の重要性

2-4-1　相続発生後の確定測量で、初めて問題が明らかになった土地の事例

事例1　5000万円になると思って相続した土地が実は……

叔父から都内の土地40坪の相続を受けた甥のAが、その土地を売るために**確定測量**を土地家屋調査士に依頼しました。ところが、調査の段階で、その土地と道路との間に、もう何年も絶縁状態の親せきの土地があることが判明。なんとその土地は未接道の土地だったのです。Aは相続を受けた当初は遺産を残してくれた叔父さんに感謝の気持ちでいっぱいでしたが、この事実がわかり、「こんなことなら相続しないほうがよっぽど良かったよ」と、今では叔父さんのことを恨む気持ちに変わってしまいました。叔父さんもこんなことならきっと甥にこのような財産を残さなかったでしょう。

＊接道については本章95ページのコラムをご参照ください。

事例2　相続人同士の土地の分割協議はもめる!?

父は生前にアパートと自宅の建つ６００㎡の土地を兄弟２人で半分ずつ相続するように遺言を残していました。相続発生後、兄が自宅と東側３００㎡の土地を、弟がアパートと西側３００㎡の土地を相続することになり、確定測量を行いました。確定測量後、いざ分割線を引こうとしたとき、予定していた分割線より兄の相続する自宅の水道管が１メートルもアパートのある西側の土地に入り込んでしまうことが判明。兄弟のお互いの主張がまとまらず、このことがきっかけで、それまで仲が良かった兄弟が口も利かない仲になってしまいました。亡くなる前にお父さんが相続させる土地を分けていればこのようなことにはならなかったかもしれません。

２－４－２ 土地の相続対策とは？

相続対策をするうえで、まず初めに行うことは、財産を特定することです。

特に、土地は、財産の中でも高額な資産評価がされ、資産全体からみても占める割合は大きいものです。

多くの方は、「登記をしているからだいじょうぶ」、「家を建てるときに測量してあるから問題ない」と安易に考え、**登記簿**の面積（**地積**という）で、このくらいの資産価値があるのではないかと推測したり、登記簿の面積を信じて分割を考えたりしてしまいがちです。しかし、土地という財産は、非常に分けづらい、換価しにくい、また価値がわかりにくい不透明な特徴がありますので、できれば遺言書を書く前にきちんと土地の状況を把握し、現況にあった正確な内容で遺言を残したほうがより安全です。そのためには、日ごろから土地の境界を正しく管理しておくことが重要になります。

土地の境界標を隣接の方とお互い確認し、境界線をはっきりさせるための測量を**境界確定測量**といいます。この境界確定測量を、土地の所有者本人が行うことは、相続に備えるうえでも、より安全な形で財産を残すことができるほか、次世代に苦労を残さない対策にもつながります。見落としがちな問題ですが、非常に重要なことですので、ご自身の土地と向き合ってよく考えていただき、円満相続につながる一歩に役立てていただければと願っております。

2-4-3　土地の境界を正しく管理するには

土地の境界を日ごろから正しく管理しておくと、いざというときにトラブルなくスムーズに売却することができ、また自由に土地を分けることができます。ご自身の土地が正しく管理されているか？　次の４つの要件がすべて整っているかご確認ください。

１　境界標が明確になっている
２　隣接所有者と境界の立会いをおこない「境界確認書」の取交しが済んでいる
３　土地の現況と登記記録の内容が一致している
４　法務局にその土地の復元可能な地積測量図が備え付けられている

このような要件が満たされていない土地は、隣接所有者との境界をはっきりさせるための**境界確定測量**を行い、安全な状態で管理しておくことがより安心です。境界確定は隣接所有者のご協力がなければ成立しませんので、自分の意思だけでは、進めることができない問題が多く含まれております。特に土地を処分して相続税を10ヶ月以内に納付しなければならない場合は、隣接所有者のご協力が思うように得られないがために、確定するまでにかなりの期間を要してしまい、期間内に間に合わないケースが多々あります。時間に余裕があるときにきちんとお隣さんとの境界を決めておくことが、次世代に苦労を残さない準備になります。

まずは、ご自身の土地の境界がどこなのか？　隣接所有者は誰なのか？　を確認するところから始めてください。

図 2-6

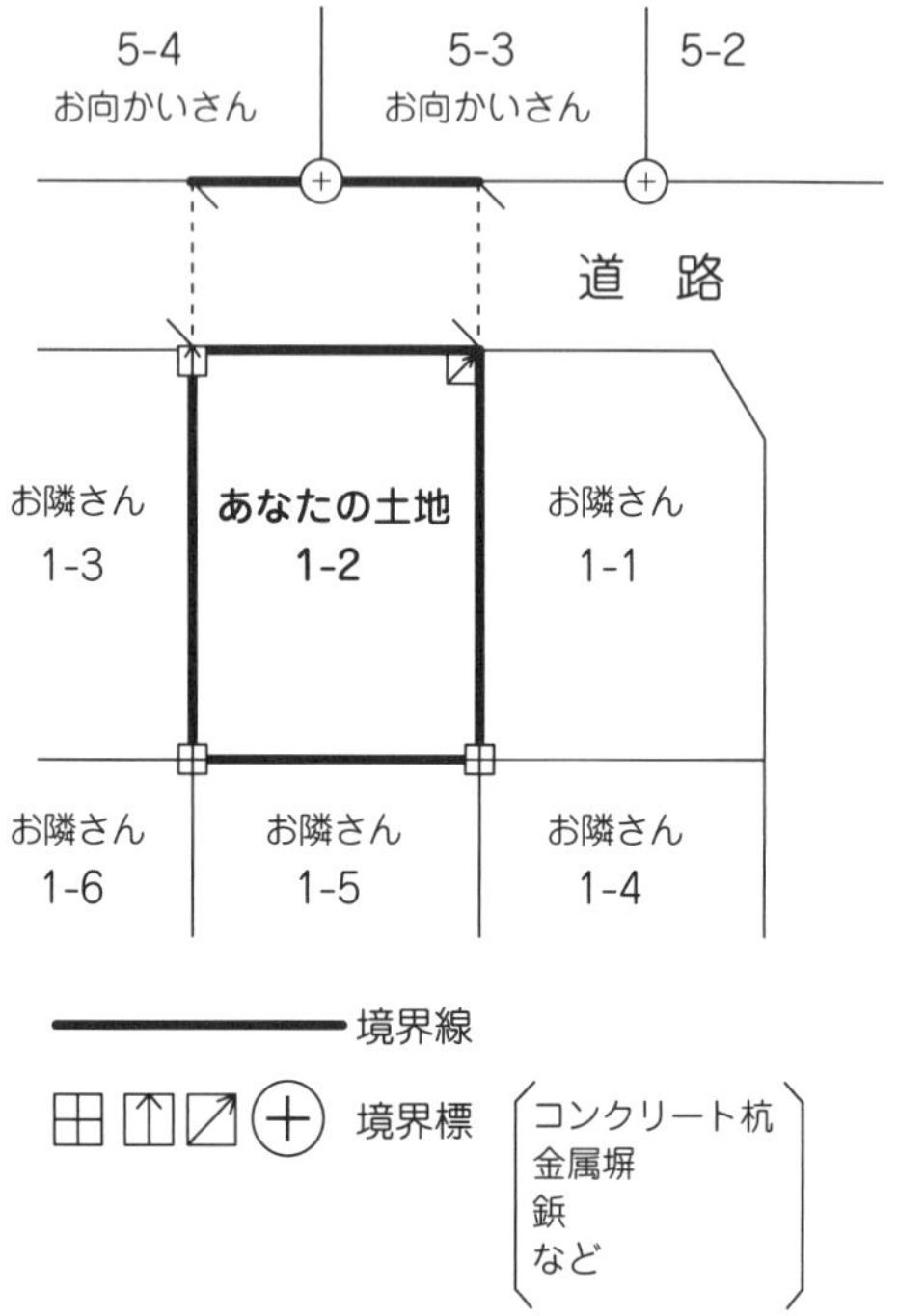

境界確定のとき、ご協力いただく可能性のある隣設地は、1点の境界で接している隣接も含まれます。
また、道路の境界を役所と立ち会うときは、道路向かいの所有者のご協力も必要になる場合があります。

① 相続人側の問題

相続人が複数の場合は、それぞれの思いや状況によって考え方もいろいろです。足並みをそろえることが非常に大変になります。

境界確定測量をする作業のなかでは、何度も所有者（相続人全員）からのサインが必要な場面があります。役所へ提出する「道路境界確定関係書類」や「境界確認書」、地積更正や分筆登記の際の「委任状」等々、その都度、作業の進行に応じて一つの書類を持ち回り署名していただかなければなりません。相続人同士の仲が悪いので、代理人を介して書類にサインをしなければならない場合や、たとえ仲が良くても、相続人の中には、仕事が忙しい人や、海外出張が多い人がいる場合もあります。それぞれの生活のなかで一つの提出書類に連名でサインすることは、かなりの時間と手間がかかってしまいます。被相続人が生きている間であれば、所有者一人のサインで済んだことでも、相続発生後は、書類一つとっても足並みをそろえるのに苦労します。

ここがポイント

境界確定測量は、生前に行っていれば、所有者一人の意思で進めることができる

② お隣さん側の問題・その土地特有の問題

境界を確定するには、原則その土地に係わる隣接地の所有者全員と境界立会いを行い、境界について双方が同じ認識にあることを確認できなければ成立しません。相続発生後、土地の境界の事や、日ごろからご近所付き合いをしていない相続人にとっては、所有者本人が、生きている間に行うより大変な作業になりかねませんので、今のうちから、ご家族で土地の境界のことやご近所さんのことについてのお話合いをしておくことも重要です。

あなたの土地と隣接する土地にこんな問題が潜んでいるかもしれません。

・隣地の所有者との間で境界線の認識が違っている
・隣接所有者と連絡が取れない
・隣接地がマンションや私道で共有者が多数おり全員と境界確認をすることが大変である
・確定を急いでいることに付け込まれ隣接所有者から隣接地に有利な境界線を主張された
・前面道路が私道で登記簿上の所有者が、明治時代の人の名義のままになっており、相続人を見つけることが困難だ

図 2-7　こんな隣接は時間がかかる?!

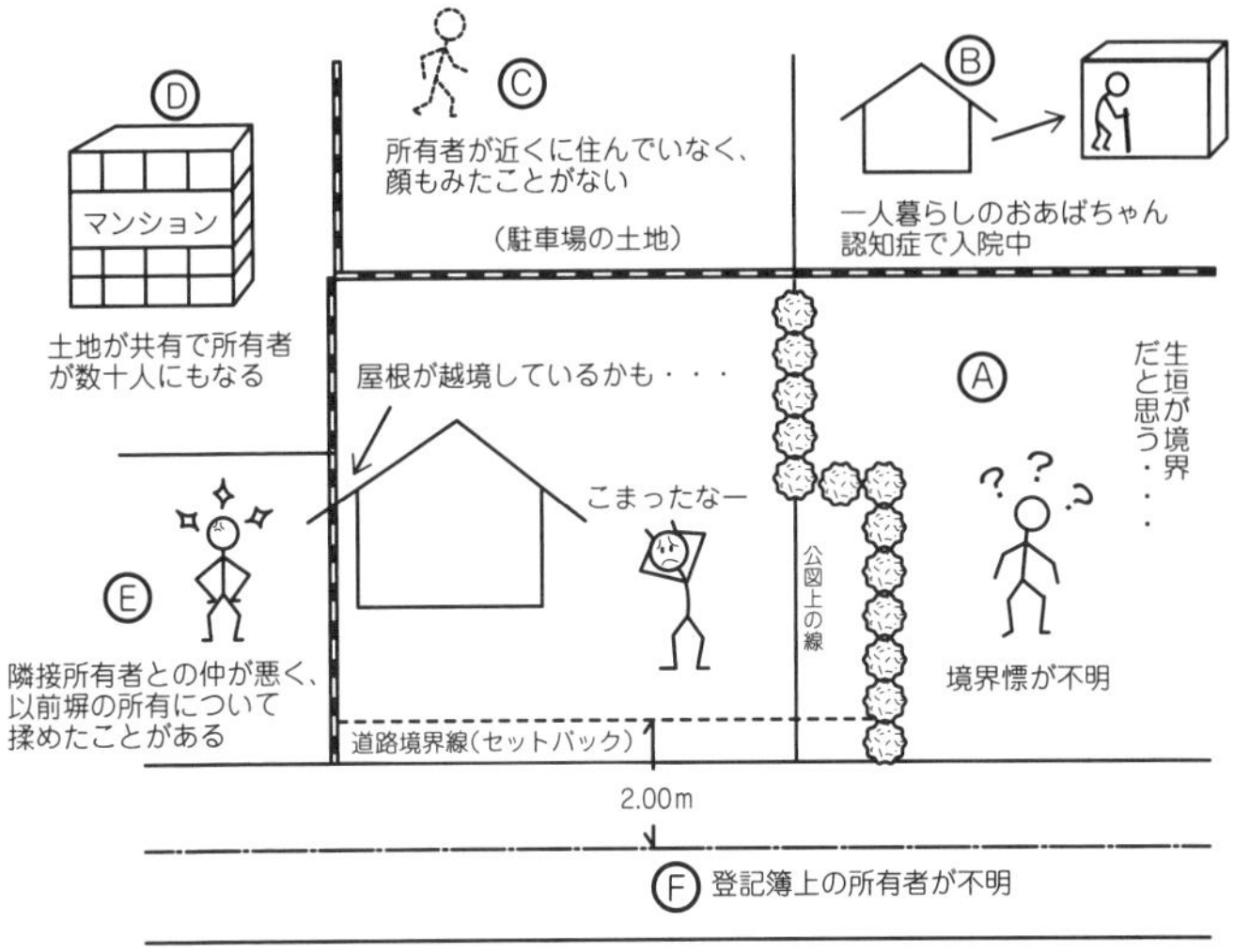

A～Fの隣接所有者全員と境界確認書を取り交わさなければ土地の境界確定は成立しません!!

・越境問題でもめてしまい、境界確認書の取交しを拒否された
・宅地と道路との接道が２ｍ未満であり再建築できない土地ということが確定後に発覚した
・境界確定が間に合わず売却のタイミングを逃してしまった

2-4-5 境界について

一般的に境界とひと言で言っても大きく分けて「**筆界**」と「**所有権界**」の二つの意味を持ちます。

図2-8

土地の境界について

筆　界	「筆界」とは地番と地番の境を示す線であり、**法律によって定められた**「公法上の境界」です。個人の意志や隣接所有者との合意があっても勝手に変更することはできません。皆さんの納めている固定資産税の面積は法務局にある登記記録の面積で決まりますが、この元となる線が「筆界」です。土地の取引を行う場合に、重要なのがこの「筆界」を決めることになります。
所有権界	「所有権界」とは、現地の塀等の利用状況で判断し、その土地の所有者の権利がどこまで及ぶかを示す境界です。筆界と違い「お隣さんとの話し合いで自由に決めることができる境界」です。

トラブルの原因!!

筆界と所有権界は一致するのがふつうですが、永年の間で筆界線と違う位置にブロック塀が建てられたり、土地の一部について他人に譲り渡したり、他人が時効によって所有権を取得したりした場合には、筆界と所有権界が一致しないこともあります。土地の境界をめぐる紛争のほとんどは、「筆界」と「所有権界」の不一致によるものです。

残念ながら境界紛争になった場合の解決方法

①筆界特定制度
過去に定められたもともとの筆界を筆界特定登記官が明らかにする制度。
②裁判外境界紛争解決制度(ADR)
ADR認定土地家屋調査士が土地の筆界を明らかにし、境界にかかわる民事紛争の早期解決のために土地家屋調査士と弁護士が調停人となり裁判によらず紛争を解決するための制度。
*この他訴訟による解決があります。

2−4−6 相続前の確定測量には大きなメリットがある！

生前に行う境界確定作業には次のようなメリットがあります。

図 2-9

相続前に確定測量をするメリット

物理的効果	節税対策	確定測量して登記面積より確定面積が少ない場合は地積更正登記をすれば固定資産税を下げることができます。
	納税対策	確定測量することによりいつでも売却しやすい土地にしておくことができます。相続税納税の延滞の防止に役立ちます。
	分割対策	確定測量し分筆登記をすることで、相続分の指定の準備が整います。
	減税対策	一定の要件がそろえば測量費用が経費として落とせます。 ・売却時に行う測量費用 ・土地の商品価値を高めることを目的とした測量費用 ・測量により収益が上がらない土地はその時点では経費として落とせませんが、将来売却をする際に経費として落とせる場合があります。
心理的効果	隣地と対等な立場で境界立会いに応じることができます。	
	自分の売却したいタイミングで売ることができます。	
	境界確認書を取り交わすことで将来の境界トラブルの防止に役立ちます。仮に境界について紛争が生じた場合でも時間的に余裕があることでいろいろな対処をすることができます。	

確定後の地積測量図は
法務局に保管しておくことがベスト！

相続前に行った確定測量後は、地積更正登記を行い法務局に地積測量図を納めておくことがより安心です。地積測量図は、誰もが閲覧可能な公の図面です。地積測量図が法務局に備え付けられていることにより、後世においても誰にでも対抗できる保証になります。

2-4-7　土地の境界問題や確定測量は誰に相談すれば良いか？

皆さんが土地の測量をすることは一生のうちにそう何回もあることではありませんので、たいていの方はどこに相談して良いのかわからないと思います。土地の財産境を決める境界確定は、**土地家屋調査士**にご相談ください。

土地家屋調査士は、わが国で唯一の土地の境界に関する専門家です。不動産の物理的状況を正確に登記記録に反映させるために、必要な調査および測量を行っています。

土地家屋調査士が行う確定測量は、登記記録に反映されている公法上の境界（筆界）を隣接所有者と確認し、それに基づき測量を行いますので、登記記録と確定面積が違った場合の地積更正登記や、土地を分けたいときの分筆登記の手続も行うことができます。

2-4-8　最後に

このように境界をはっきりさせるということは、相続対策をするうえで、物理的な対策はもちろんのこと、人間関係上の対策にもつながる重要なことの一つです。円満かつスムーズな相続を願う皆さんにとって、「何をしておけば残された人たちが困らないだろうか？」ということに向き合う気持ちが大切ではないでしょうか？「何も問題が起きていないうちに専門家に相談するのは気が引ける」というお考えをお持ちの方が多いと思いますが、少しでも不安なことがあれば早めに専門家へ相談することが一番です。なんでもお気軽にご相談ください。

コラム 不動産の価値は『道路』と『間口』がポイント

不動産の売買や建築をするときに、①不動産がどのような道路に接しているか（「接道」や「前面道路」という）、②その道路に何メートル接しているか（「間口」という）、この二つにより、不動産価値が異なります（次ページ①②図参照）。

建築基準法42条の規定があり、建築物の敷地は、原則として、建築基準法上の道路に2メートル以上接していなければならない接道義務があります（条例等では建築基準法上の道路に3メートル以上接していないと建築ができない地域もあります）。

敷地が、道路と間口が2メートル未満だったり、未接道だったり、前面道路が建築基準法上の道路ではない場合、再建築不可となり、不動産の価値も大きく下がります。

図をご参考になさってください。

① 接道とは、その土地と接している道路のことです。建築基準法42条に定められた道路に該当する道路であること。道路幅員（ふくいん）が、4メートルないし6メートル以上であることが必要になります。

② 土地が道路と接している部分を間口といいます。間口が2メートル未満の場合は、建物を建てることができない場合がありますので注意が必要です。

③ 道路幅員が4メートル未満の道路の場合には、セットバックしなくてはなりません。

①
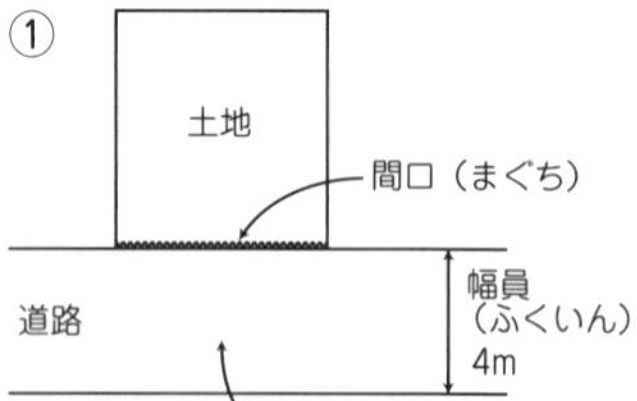

②
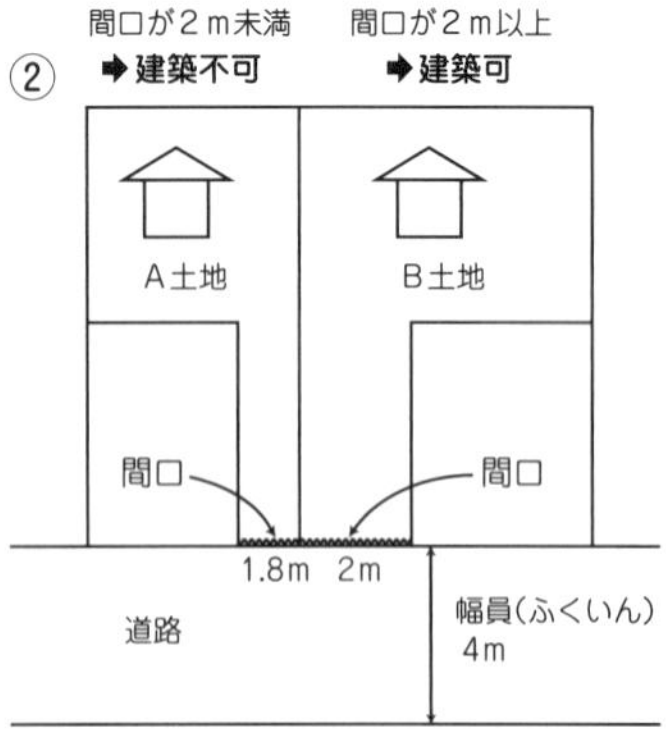

また、水路や、崖地などは道路幅に含まれない場合があります。

セットバックとは、敷地前面の道路が4メートル未満の建築基準法42条2項の規定において、2項道路（にこうどうろ）に接している敷地で、道路の境界線を後退させることです。セットバックした部分は道路とみなされるので、その部分に建物を建築することはできません。また、建ぺい率・容積率の計算の基になる敷地面積に含めることもできません。

③

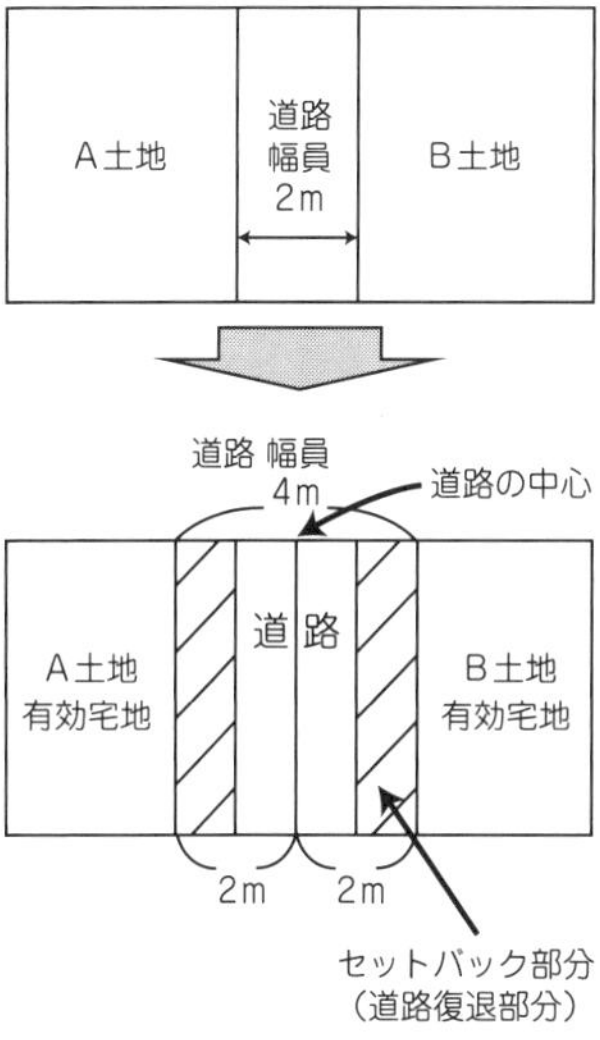

④敷地前面の道路が公道か私道かを確認してください。公道は、国や自治体などの公共機関が所有し管理をしています。私道は、民間人や民間企業が所有し管理します。私道の場合は単独所有なのか、共有形態なのか、持分がないかを確認してください。私道の場合、道路の通行や掘削（くっさく）などに、私道の所有者の承諾が必要になりますので、あらかじめ確認をしてください。

⑤道路に接していない無道路地を袋地（ふくろち）といいます。周囲を他の土地・囲繞地（いにょうち）に囲まれ、誰でも通れる道路に通じていない、再建築不可の土地です。また、通行権や埋設管の問題もありま

④私道の場合の共有形態の例

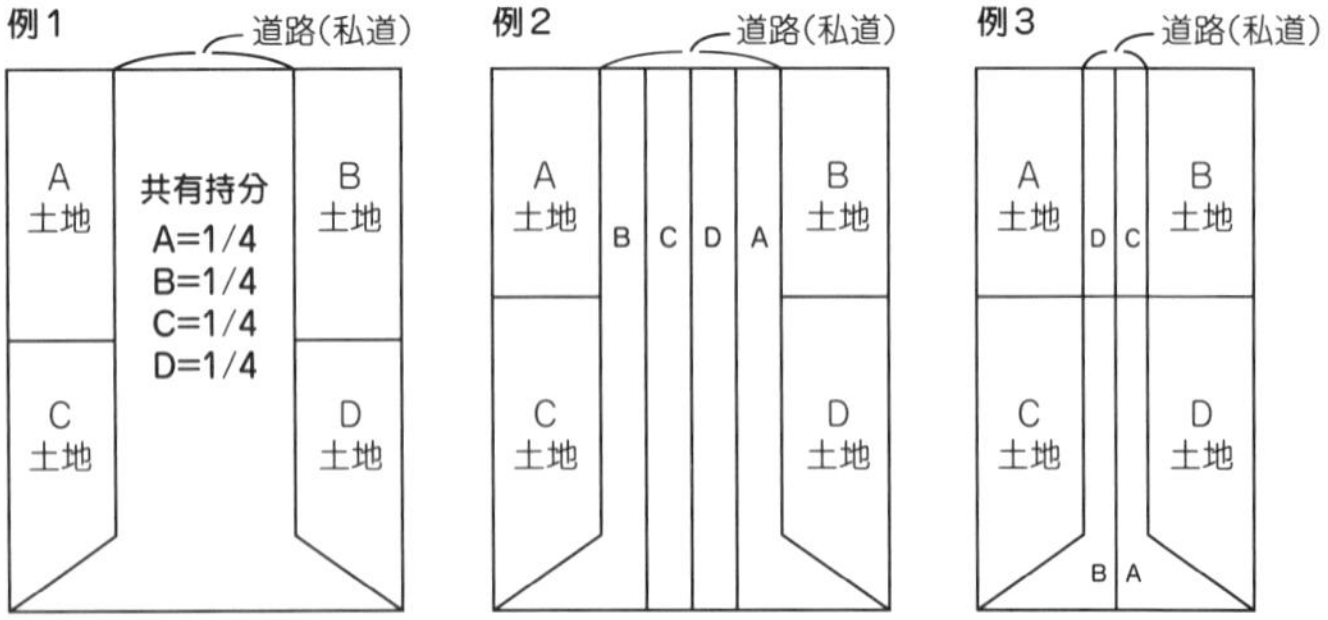

すので、あらかじめ不動産関係の専門家の相談をお勧めします。

＊不動産と道路の関係はたいへん難しいため、独自の判断はせずに、不動産を管轄する、行政の窓口とご相談してください。できれば、不動産業者、不動産鑑定士、土地家屋調査士、測量士など、不動産を取り扱う専門家への相談をお勧めします。

⑤無道路地の例

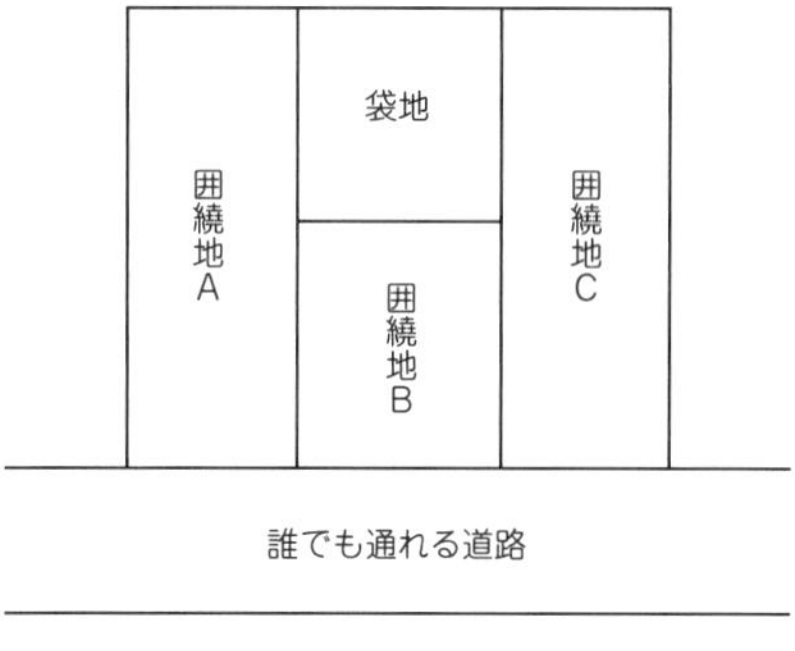

Case 5

不動産には複数の時価があることを知らなかったケース

不動産は「**一物四価**」といわれ、地価公示・地価調査による価格（以下「公示価格等」という）、相続税路線価、固定資産税路線価、実勢価格（「売買取引価格」ともいい、以下「取引時価」という）が存在し、価格水準が異なることも前述のとおりですが、それぞれの価格は目的があって定められていることを認識しておくことが重要です。

すなわち、公示価格等は取引する際の指標とするための価格、相続税路線価は相続税課税のための価格、固定資産税路線価は固定資産税課税のための価格、取引時価は個々の当事者がそれぞれの自由意思で決定した売買価格であるということです。

相続の場面において、特に問題となるのは個別性の強い不動産の場合です。これらの不動産は、取引時価と相続税路線価を基礎にして評価された価格（以下「**税法時価**」という）との間に大きな差が生じる可能性が高いからです。それでは、取引時価については、多数の売り手と買い手が存在する取引市場において、適正水準で取引された価格であることを前提として、「取引時価」と「税法時価」との間に大きな差が生じてくる典型例を、以下に例示していくことにします。

2―5―1 税法時価が取引時価よりも低くなることが多いケース

① 戸建開発用地における税法時価

税法時価を計算するためには、「財産評価基本通達」というルールに基づいて相続する不動産を評価することになっており、そのうち24―4（広大地の評価）という規定がありました（平成29年末まで適用）。この規定により、「その地域における標準的な宅地の地積に比して著しく地積が広大な宅地で都市計画法第4条第12項に規定する開発行為を行うとした場合に公共公益的施設用地の負担が必要と認められるものの価額は、原則として」その広大地が路線価地域に所在する場合には、以下の算式により計算した金額によって評価することになっていました。

その広大地の面する路線の路線価×広大地補正率×地積

また、広大地補正率は0・6－0・05×広大地の地積÷1000㎡で求めます。

算式自体は簡潔明瞭で、広大地に該当すれば、非常に大きい節税効果が期待できました。

たとえば、広大地補正率は、地積が1000㎡の場合0・55となり、2000㎡の場合

0・50と半分になり、5000㎡の場合には0・35にもなります（0・35が下限）。

しかし、一方で、広大地に該当するかどうかについては、要件をすべて満たす必要があり、この広大地に該当するかどうかを的確に判断するには、相続税法というよりも、むしろ不動産に関する横断的な知識や総合的な経験が必要でした。

また、これらの要件をしゃくし定規に当てはめることが正しいとはいえないケースもあり、さらには、節税効果がかなり高い一方で、税務署から否認された場合の追徴課税リスクも大きいことから、税理士の相続税申告業務の現場に混乱をもたらす一因ともなってしまっていました。

② 戸建開発用地における取引時価

広大地の規定によれば、取引時価と税法時価は、およそ倍近く乖離することもありえるのです。税法時価では公示価格等よりも、もともと2割下げられており、その単価に対して、さらに大きな広大地補正率を乗じるために、かなり低い価格となってしまうのです。

地積が大きくなるほど、乖離は大きくなる傾向がありました。

この規定は、平成29年末で廃止され、新たに「地積規模の大きな宅地の評価」が新設されます。平成30年1月1日以後の相続、遺贈または贈与により取得した土地の評価から適用されます。改正後は、間口・奥行・不整形など形状が個別的に考慮されるほか、広大地補正率の替わりに規模格差補正率が採用されることになります。

なお、改正により現行規定に比べて、取引時価との格差がかなり縮小されます。資産総額が大きいほど、また、広大地に該当する規模が大きいほど、節税効果は圧縮されてしまいます。ただし、評価額の水準が引き上げられた分、取引時価との比較で、場合によっては、いわゆるグレーゾーンがこれまでよりも広がった土地もあります。地主さんによっては、今後、時価評価の検討など、専門家とのより綿密な連携が必要となるでしょう。

2－5－2　税法時価が取引時価よりも高くなることが多いケース

①　収益不動産における税法時価

税法時価においては、土地と建物は別物であり、それぞれの合計がその不動産の価格であるという考え方をします。土地・建物いずれも自己所有であることを前提とすると、土地は貸家建付地といい、「自用地とした場合の価額－自用地とした場合の価額×借地権割合×借家権割合×賃貸割合」という算式で求められます。建物については、「固定資産税評価額－固定資産税評価額×借家権割合×賃貸割合」という算式で求められます。これは建物に賃借人がいる場合には、所有者としては自己利用に制約があるので、その賃借人の権利相当分を考慮するという考え方に基づきます。そして、これらの方法により求められた土地と建物の合計額が収益不動産の税法時価となります。

② 収益不動産における取引時価

一方、取引時価においては、土地と建物を一体として、その不動産がどの程度の**収益力**があるかで価格が決定されます。これを算式で示すと、「(総収益−総費用)÷還元利回り＝収益価格」となります。総収益は、年額支払家賃と敷金等の一時金の運用益などから構成されます。総費用は、総収益を得るために必要な費用の合計額であり、土地および建物の固定資産税等、維持管理費、建物修繕費などの合計額です。還元利回りは、不動産から生み出される純収益(＝総収益−総費用)から不動産価格を求めるときに使用される利回りです。

家賃収入が低くなることは、総収益が低くなることであり、当然に収益価格も低くなります。すなわち、不動産の価値が下がることであり、自然な結論です。

一方、税法時価においては、収益性という取引市場において重要な観点は考慮されず、あくまで借家権という権利が考慮されるのみです。しかも、賃貸割合が低くなると、収益性は低くなるにもかかわらず、借家人による制約が少なくなり、自用地としての価値に近づくという考え方により、控除できる額が少なくなるため、空室が多いほど、価値が上昇するという現実的ではない結果が導き出されてしまうのです。

簡単に言えば、取引時価は評価時点における現実的な将来性を反映した時価、税法時価は評価時点における（借家人がいなくなるほど価値が上がるという）非現実的な将来性を反映した時価といえるでしょう。

建物が新築あるいは築年数が浅い場合は、固定資産税評価額が現実の建築費の半分程度となるため、現金から収益性建物への資産組み換えにより節税効果は大きいですが、地方都市で立地条件が劣る場所にあり、築年数もかなり経過しているなどの収益力が低いアパート等は、取引時価は低いにもかかわらず、高い税法時価で課税されてしまうという、不良資産特有の課税上の難点を抱えることになります。

なお、人口減少時代において、賃貸需要も自然減少しているにもかかわらず、近年では、政府の低金利政策やハウスメーカーの営業攻勢などを背景に、相続税対策の名のもとでアパート建設に拍車がかかっているところもあります。特に地方都市の郊外では、物件の過剰供給により、築浅にもかかわらず、家賃の下落や空室率の上昇が発生するなどの問題も生じてきています。相続人に遺産を残すつもりが、〝負〟動産として遺恨を残すことになっている現状も出てきています。

これらのほか、不整形地、無道路地（再建築不可の土地も含む）、急傾斜地、市街地山林、別荘地・リゾートマンション、底地など、税法時価が取引時価よりも高くなることが多いケースは数多く存在します。このような不動産は、高い税法時価で課税されることを回避するため、事前の相続対策として、換金処分あるいは不動産の組み換えに早期に取りかかること等をお勧めします。

2－5－3　まとめ

現実の市場で決まる価格は、当然ながら売買を前提とした取引時価です。相続税評価額や固定資産税評価額では決してありません。ところが、たとえば、遺産分割協議の場面において、すべての相続人が同じ情報や知識を持っていないために、知らないうちに不公平あるいは不均等な分割がなされている、すなわち不動産について取引時価と離れた税法時価をベースに分割がなされているケースがあります。

実際に売買が行われる前の段階では、取引時価に代わるものとして、不動産鑑定士による鑑定評価などを活用して、中立公平な立場の専門家による証明を得ることで、適正時価の把握に努めることはたいへん有意義です。

現代は情報化社会であり、取引相場の情報は簡単に手に入ります。一部の相続人が、その他の相続人は知る由もないだろうと利己的な相続を押し進めても、不動産の時価について、たとえば遺留分減殺請求（相続人が必ず受け取ることのできる最低限度の相続財産を得る権利の請求）などで争われ、その後の人間関係が修復不可能なことになっては、お互いに不幸です。いったん、疑心暗鬼になると、なかなかその気持ちはぬぐえないものです。ひょっとしたら、それを発端として次世代までに大きな遺恨を残す結果となることもありえます。

節税も大事ですが、相続を「争族」にしないことがもっと重要です。相続人同士で**譲り合う気持ち**と被相続人への**感謝の気持ち**が必要不可欠です。

「転ばぬ先の杖」として、私たち**相続アドバイザー**が皆様の円満な相続をお手伝いいたします。

コラム 新しい不動産活用の道〜民泊

東京、大阪、京都といった大都市を中心に普通の住宅に、訪日外国人を泊める民泊が一気に増えました。2014年末で約7000件だったのが、2015年末で約2万5000件、2016年末で約4万2000件といった勢いです。

もっとも、実態が先行してしまい、騒音やゴミの問題が指摘され、政府が急ピッチで法整備を進めています。2016年から東京都の大田区、大阪府、大阪市で国家戦略特区の規定を利用した特区民泊がスタートしていますが、民泊新法と呼ばれていた「住宅宿泊事業法」が2017年6月に成立し、2018年6月に施行されます。

民泊は大都市中心に増加してきましたが、ここにきて地方での古民家活用なども増えつつあります。Ｙｏｕｔｕｂｅやインスタグラムなどをきっかけに、日本人が知らないような地方に外国人観光客が押し寄せる例もありますので、今後いらなくなった地方の空き家を民泊として活用し、収益を得るという道も十分考えられます。

3章

相続のキホン

１章、２章では、相続によって実際にもめてしまい相続人が困った具体的な事例をお話しさせていただきました。３章では、相続が起きた場合の流れ、遺産分割の流れなどを説明したいと思います。

3−1　実際に「相続」が発生したときの流れ

3−1−1　大まかな流れ

①　相続人がいるケース

ア　遺言がある場合

お亡くなりになった方（以下「**被相続人**」という）が生前に遺言を残していた場合に、原則として、被相続人の残した遺言の内容に従って処理されます。そして、被相続人の残した遺言の効力に問題がなければ、その遺言を執行する人（以下「**遺言執行者**」という）によって、遺言の内容のとおりに被相続人の残した財産が分けられることになります。

なお、相続人全員の合意があれば、遺言とは異なる内容にて被相続人の残した財産を分けることもできます。

また、被相続人が遺言を残していた場合であっても、その遺言の効力に問題があるとされたときには、次の遺言がない場合と同様の処理を行うこととなります。

イ　遺言がない場合

被相続人が遺言を残すことなく亡くなった場合には、民法が定めた法定相続分によって相続されることになり、その場合には遺産分割を行うことが必要となります。遺産分割については後述しますが、平たく言えば、相続人全員で被相続人の残した財産を具体的に分割することをいいます。

遺産分割がなされていなければ、それらの財産を自由に処分することはできません。なぜなら、被相続人が亡くなることで相続が開始すると、被相続人の財産は、遺産分割が行われるまで、相続人全員の共有の財産となるからです。

②　相続人がいないケース

相続人が存在するかどうか明らかでないときは、家庭裁判所により選任される**相続財産管理人**によって、被相続人の残した財産の清算を行うとともに、相続人の捜索を行い、相続人がいなければ、原則として清算後に残った財産は国庫に入れられることになります。ただし、内縁の妻などの特別縁故者については、その請求により、裁判所が相当と認めた場合には、残った財産の全部または一部を取得することができます。

コラム 相続人が行方不明のケース

戸籍謄本等の調査の結果、戸籍謄本の記載では、あたかも相続人として存在するものの、相続人の所在が不明な場合は、家庭裁判所に不在者のための財産管理人の選任手続を行います。

なお、相続人の所在にとどまらず、その生死までもが不明な場合には、失踪宣告の手続を行うこともあります。すなわち、相続人の生死が7年間わからない場合、家庭裁判所に失踪宣告を請求することができます。地震、洪水、津波などの危難に遭遇した場合、危難が去った後、1年間その者の生死が不明な場合も同様です。これらの各場合では、失踪宣告により、7年経った時、危難が去った時にそれぞれ死亡したものとみなされますので、そのような場合には弁護士等の専門家に依頼することも検討されると良いでしょう。

相続人が行方不明の場合は、これらの手続が必要となりますので、生前に遺言を作成されることを強くお勧めします。

図 3-1　相続開始からの流れ

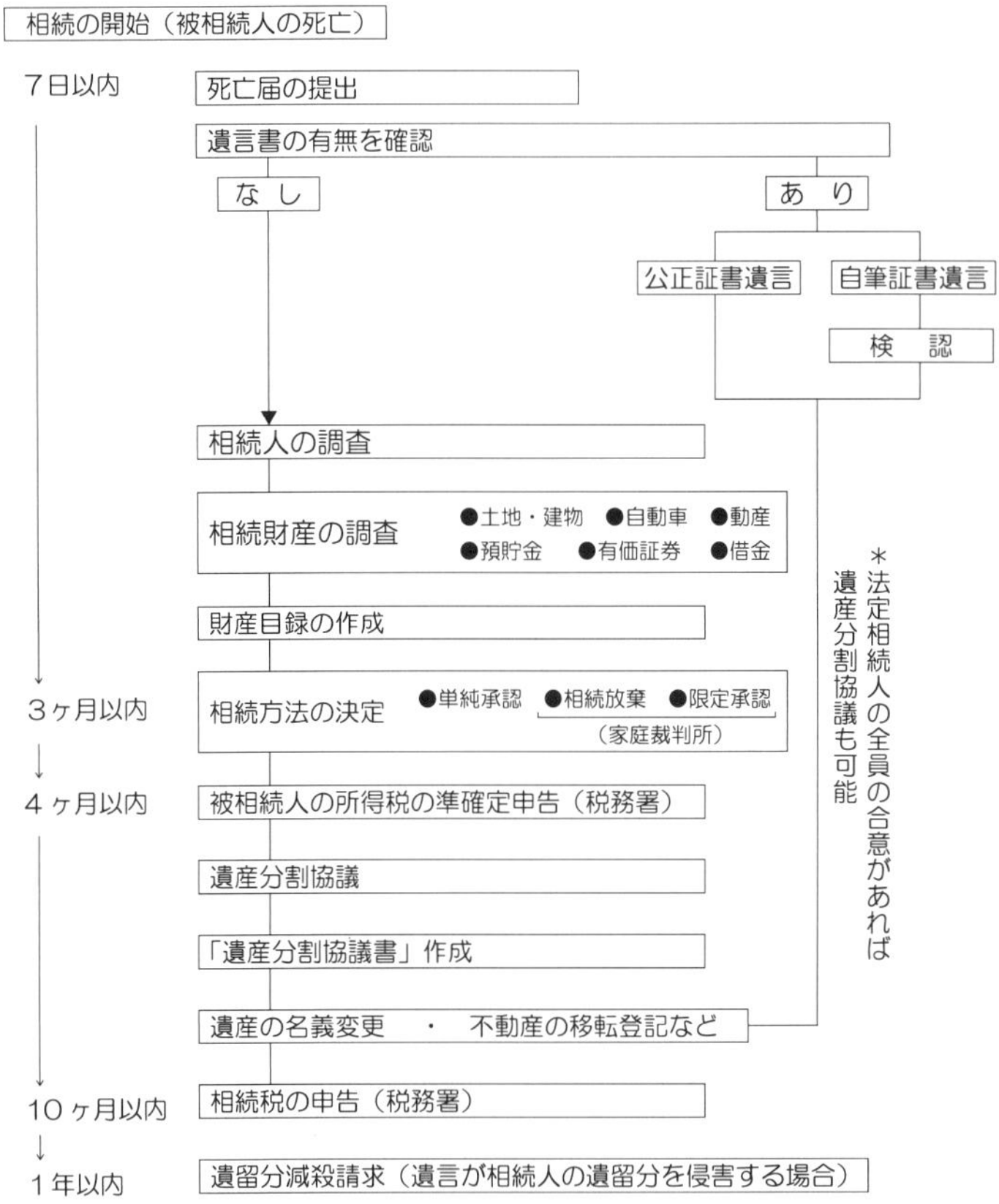

ここがポイント

被相続人が遺言を残さず亡くなった場合には、相続人全員により遺産分割協議を行う必要がある

3－1－2 「遺産分割」について

① 「遺産分割」とは？

「**遺産分割**」とは、被相続人が亡くなった時点で持っていた財産について、誰が（相続人の範囲）、何を（相続財産の範囲）、どのような割合で、どのように取得するか（分割方法）を決める手続を指します。

被相続人が生前に所有していた財産には、土地・建物といった不動産や、預貯金、株式といった有価証券などが含まれていることが多いですが、遺産分割がされていなければ、それらの財産の名義変更や解約等をスムーズに行うことはできません。

たとえば、被相続人の名義となっている金融機関の口座は、被相続人が亡くなったという情報を金融機関が把握すると凍結されてしまい、相続人であっても被相続人の預金を自由に引き出せません（ただ、すべての金融機関がその情報を得ているわけではないので、

相続人としては、死亡の事実を金融機関に知らせ、口座を凍結しておいたほうが良いでしょう)。

＊平成28年12月19日最高裁大法廷の判断により、預貯金についても遺産分割の対象となることが明らかになりました。そのため、被相続人名義の金融機関の口座から預貯金を引き出すためには、「判例」によって遺言がない場合には、遺産分割協議書が必要となり、相続発生後の迅速な資産調達が、ますます困難になることが予想されます。

② 遺産分割の方法にはどのようなものがあるか？

遺産分割の方法は、大きく分けて、「**協議による分割**」「**調停による分割**」「**審判による分割**」に分けられます。

ア 協議による分割

協議による分割は、相続人の全員が協議して、相続人のうちの誰が、何を、取得するかについて合意して遺産を分ける方法です。遺産分割協議は、**相続人全員が合意**することで成立します。遺産分割の話し合いがつけば、通常は遺産分割協議書を作成しますが、この書面を作成しないからといって、その遺産分割協議が無効となるものではありません。しかし、遺産分割協議書が作成されていないと、相続により不動産を取得した人は名義変更の登記をすることができませんし、また、被相続人の預貯金を下ろす場合にも、この遺産分割協議書が必要となります。すなわち、遺産分割協議書は、土地・建物といった不動産の登記名義の変更を行ったり、預貯金の解約を行ったりするときに必要となる書面ですので、赤の他人から見ても何を指しているか明らかとなるように、登記簿謄本や預貯金の通帳の記載を参考にして、取得する遺産を特定して記載することが重要です。せっかく遺産分割協議書を作成したのに、どの土地を指すのか特定できないため、登記名義を変更することができないといった事態も起こります。遺産の中に土地・建物といった不動産が多い場合には、登記手続を依頼する司法書士や弁護士に事前に遺産分割協議書の内容を確認してもらうことも有効でしょう。

また、遺産の名義変更や解約を行うときには、遺産分割協議書とともに、相続人の戸籍謄本や印鑑登録証明書の提出が求められるケースが多いといえますので、遺産分割協議を成立させるときには、これらの書類もあわせて取得しておきましょう。

遺産分割協議は、いったん成立すれば効力が生じますので、「やはり納得できない」と後になって悔やんでも、原則として、遺産分割協議のやり直しを主張することはできません。ですので、遺産分割協議を行うには、四十九日の法要の後など、相続人が一堂に会する機会を設けて、膝と膝をつき合わせて協議を行うことが理想的といえます。もっとも、相続人が多人数の場合や、遠隔地に住んでいる場合など、直接面談ができないときは、手紙、電話、メールなどの方法で緊密に連絡を取り合い、全員が合意に至ったときは、遺産分割協議書を作成して持ち寄り、相続人がそれぞれ署名・押印する方法で遺産分割協議を成立させることもできます。

イ　調停による分割

相続人間に意見の対立があって、遺産分割協議がまとまらないときには、意見の対立する相続人の住んでいるところを管轄とする**家庭裁判所**に、**遺産分割調停の申立て**を行うこととなります。

遺産分割調停の申立てを家庭裁判所に行うと、裁判官である家事審判官と2名の調停委員が相続人の間に入って手続を行い、調停委員が、申立てを行った相続人と相手方となった相続人から交互に話を聞いて、どのような分割案が考えられるのかを検討していきます。

調停において、相続人間に合意が成立し、これが調書に記載されると調停が成立し、調停手続が終了することとなりますが、相続人間に合意が成立する見込みがない場合には、調停は不成立として処理され、調停手続は**審判手続**に移行します。

ウ　審判による分割

審判手続に移ってしまった相続人については、審判手続において、自らの主張を**家庭裁判所**に提示する必要があります。そして、家庭裁判所によって事実の調査と証拠調べが行われ、その結果、家庭裁判所が審判により法定相続分に従って、一刀両断的に相続財産を分割することになります。

ここがポイント

- 遺産分割協議は、一人でも納得しない相続人がいると成立しない
- 遺産分割調停においても、一人でも納得しない相続人がいると調停は成立しない
- 家庭裁判所の審判では、法定相続分に従って相続財産を分割することになる

③　協議による分割を目指そう

これまで見てきたように、仮に家庭裁判所における遺産分割の調停や審判となると、その申立てをしてから解決まで最短でも半年程度は必要となり、調停や審判が長引くことも

ありますので、その点に注意が必要です。

また、被相続人が亡くなった時点から10ヶ月以内に行わなければならないという相続税に関する申告や、相続税の支払資金の確保といった問題は、相続人全員の負担に関することですので、相続人が遺産分割手続を協議によって円満かつ早急に解決することの大切さを認識し、そのためにお互いに協力していくことが求められます。

ここがポイント

遺産分割の調停や審判となると、解決までに時間がかかることが多いので、できる限り、協議による分割を目指そう

コラム

遺産分割はいつまでに行わなければならないか？

遺産分割は、いつから始めなければならないのでしょうか？　これについては民法では何も規定していません。しかし、遺産分割をいつから始めるかについては、相続開始後、かなりの期間を経過してからですと、遺産が分散するおそれや、相続人が生活に困って遺産の一部を使ってしまうおそれがないとも限りませんし、また相続開始後3ヶ月を経過すると、資産よりも負債のほうが多い場合に必要となる相続放棄もできなくなったり、相続税の申告・納付に支障が生じたりすることもあるため、相続開始後、できるだけすみやかに遺産分割協議を始めるのが良いでしょう。

---

④　法定相続人と法定相続分

遺産分割協議に入る前に戸籍の調査をして、相続人が誰であるかを確定することが必要です。なぜなら遺産分割協議は、相続人全員によって行われて初めて成立するからです。

ア「法定相続人」とは？

「**法定相続人**」とは、被相続人が亡くなったときに、法律によって被相続人の財産を相続する権利がある人をいいます。「法定相続人」が誰かは、民法に定められています。

具体的には、民法に、次の記載があります。

- **配偶者**（結婚相手。ただし、内縁関係にある者は相続人となる配偶者に当たらない。年金等については、内縁関係にある者も受給できる場合がある）
- **子**（養子を含む子ども）

図 3-2　法定相続人と法定相続分

1　配偶者と子どもがいるケース（第一順位）

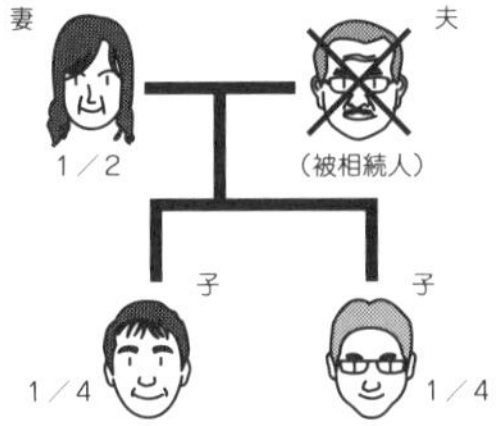

・配偶者は全財産の1／2

・子は1／2を均等に分ける

2　子どもがなく、父母（直系尊属）がいるケース（第二順位）

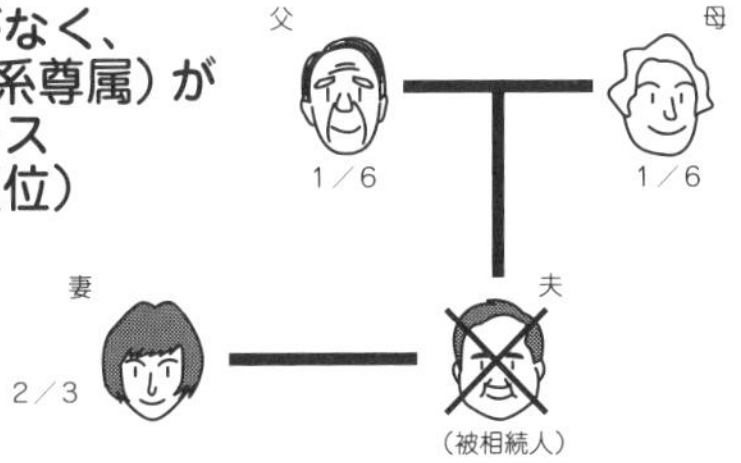

・配偶者は全財産の2／3

・父母は1／3を均等に相続する

3　子も父母（直系尊属）もなく、兄弟姉妹がいるケース（第三順位）

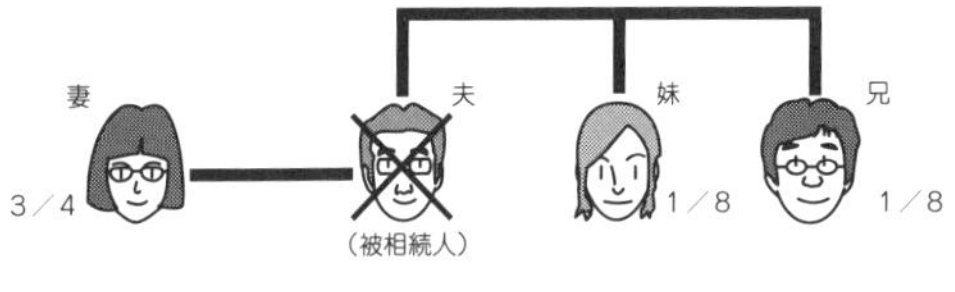

・配偶者は全財産の3／4

・兄弟姉妹は、1／4を均等に分ける

パターン	相続人	相続順位	法定相続分
配偶者と子	配偶者	常に	1/2
	子	第1順位	1/2 ※
配偶者と直系尊属	配偶者	常に	2/3
	直系尊属	第2順位	1/3 ※
配偶者と兄弟姉妹	配偶者	常に	3/4
	兄弟姉妹	第3順位	1/4 ※

※合計。子、直系尊属、兄弟姉妹が複数の場合は、それぞれ均等に相続。

・直系尊属（親。養親も含む）
・兄弟姉妹

しかし、実際に相続が発生すると、前に記載しました「法定相続人」のすべての人が相続人になるというわけではありません。誰が相続人になるかは、民法でルールが決まっています。

・配偶者は、常に相続人

配偶者は、家族構成がどうであろうと相続人になります。

・配偶者以外は、「子ども」→「直系尊属」→「兄弟姉妹」の順に相続人になります。

つまり、図3―2のように子がいれば、子が相続人となり（第一順位）、直系尊属、兄弟姉妹は相続人になりません。

子がいなければ、次は直系尊属が相続人となり（第二順位）、兄弟姉妹は相続人になりません。

さらに、子、直系尊属がいなければ、兄弟姉妹が相続人となります（第三順位）。

ここがポイント

・配偶者は、常に相続人
・相続人は誰かを確認しておこう

Q 被相続人の子・兄弟姉妹が、被相続人より先に亡くなっていたらどうなりますか？

被相続人の直系卑属、つまり、被相続人の子の子（つまり孫）が、相続人になります（これを「代襲相続」といいます。ただし、相続開始以前に死亡したのが被相続人の「子」の場合は、何代もわたって代襲相続ができますが、相続人の「兄弟姉妹」の場合は、一代分しか代襲相続ができません。つまり、兄弟姉妹の子は代襲相続できますが、兄弟姉妹の子の子は代襲相続できません）。

イ 「法定相続分」とは？

「**法定相続分**」とは、民法で定められた各法定相続人の取り分のことをいいます。

具体的な法定相続分についても、民法で定められているため、ここで説明させていただきます(1)。まず、注意していただきたいのは、すべての相続に、法定相続分が適用されるというわけではないということです。まずは、遺言があれば、法定相続分ではなく、遺言に定められた相続分を相続することになります。また、遺産分割協議についても、必ずしも法定相続分で相続するということではなく、相続人全員の合意があれば、法定相続分と異なる相続分を相続することも可能です。

では、なぜ「法定相続分」があるのでしょうか。

前記117ページ「イ　調停による分割」に記載のとおり、相続人での協議や家庭裁判所での調停手続がうまくいかなかった場合、家庭裁判所の審判という手続では、法定相続分にしたがって相続されることになります。ですので、実際、相続分についてなかなか合意ができない場合、「法定相続分」を一つの目安として用いることも多いのです。

121ページの図3―2のとおり、具体的な「法定相続分」は、次のとおりになります。

・配偶者＋子……………配偶者と子の割合は、2分の1ずつ。子が複数であれば、2分の1を子の人数で割った分が法定相続分になる。

・配偶者＋直系尊属……配偶者と直系尊属の割合は、配偶者が3分の2、直系尊属が3分の1になる。直系尊属が複数の場合は、3分の1を直系尊属の人数で割った分が法定相続分になる。

・配偶者＋兄弟姉妹……配偶者と兄弟姉妹の割合は、配偶者が4分の3、兄弟姉妹が4分の1になる。兄弟姉妹が複数であれば、4分の1を兄弟姉妹の数で割った分が法定相続分になる(2)。

・子のみ……………子の数で割った分が法定相続分になる。

・直系尊属のみ………直系尊属の数で割った分が法定相続分になる。

・兄弟姉妹のみ………兄弟姉妹の数で割った分が法定相続分になる。

(1)本書は、１９８１（昭和56）年1月1日以降に被相続人がお亡くなりになった相続を前提としてのご説明になります（１９８０（昭和55）年の民法改正により、法定相続分に関する規定等が変更されました）。１９８１（昭和56）年1月1日より前に被相続人がお亡くなりになった相続については、本書とは異なる扱い（特に法定相続分）がされる場合がありますので、専門家にご相談ください。

(2)子の法定相続分で、例外的に、子の中で法定相続分に違いが出てくる場合があります。それは、全血（父母を同じくする兄弟姉妹）と半血（父母の一方だけを同じくする兄弟姉妹）のケースです。たとえば、兄弟間での相続となった場合、半血兄弟は全血兄弟の相続分の2分の1となります。なお、嫡出子と非嫡出子のケースについては、1章1―6―2をご確認ください。

3－2　そもそも何を相続するのか？

相続というのは、現金、預貯金、株式、不動産といったプラスの財産ばかりを相続するわけでなく、借金、買掛金、保証債務などのマイナスの財産も承継することになります。

コラム　マイナスの財産

銀行からの借入金は、誰が債務者であるかが重要ですので、銀行の了解なしに特定の相続人に相続させることはできないため、マイナスの財産については、各相続人はそれぞれの法定相続分までの責任は免れない点に注意が必要です。また、相続人が相続の開始したことを知って、何の手続もとらないまま3ヶ月が過ぎてしまいますと、原則として、法定相続分どおりに相続したものと扱われますので、マイナスの財産のほうが多い場合には、できるだけ早期に相続放棄の手続をとることを検討する必要があります。くわしくは、1章25ページの「ここがポイント」を参照してください。

3－3 その他におさえておくべきキホン知識

3－3－1 特別受益

「**特別受益**」とは、特定の相続人が、被相続人から婚姻、養子縁組のため、もしくは生計の資本として生前贈与や遺贈を受けているときの利益をいい、特別受益を受けた人を**特別受益者**といいます。特別受益が認められる場合は、相続の開始時に被相続人が持っていた財産に特別受益の価額を加えたものを相続財産とみなします（**特別受益の持ち戻し**という）。そして特別受益者は、持ち戻し後の相続財産から算定した自己の相続分から遺贈・贈与の価額（特別受益分）を控除した分を、相続することになります。これは、特定の相続人が被相続人から生前に利益を受けている場合，他の相続人との間に不公平が生じるため、その是正を図る制度です。例外的に、被相続人が持ち戻し免除の意思表示（紛争を避けるために遺言に記載すること）をしていた場合には、生前贈与や遺贈した分を控除した残りの遺産を対象に分けることになります（持ち戻し免除の意思表示については遺留分を侵害できないので注意が必要）。

3−3−2　寄与分

「**寄与分**」の制度は、①被相続人の家業に従事し、ほとんど報酬をもらわず財産の維持・増加に寄与した場合（家事従事型）、②被相続人の事業に関する借財を返済するなど事業の維持・発展に寄与した場合（金銭等出資型）、③長期療養中の被相続人の看護に努めるなど看護費用の支出を免れ、財産が維持された場合（療養看護型）のように、被相続人に特別の寄与をした人の功績を反映させて、相続人間の公平を図る制度です。

相続人の中に寄与分が認められる人がいるときの相続分の計算については、まず、被相続人が相続開始時に持っていた財産の金額から寄与分に相当する金額を控除し、控除後に残った財産を相続財産とみなして法定相続分に従って算定し、寄与した相続人には算定後の金額に寄与分に相当する金額を加算する方法で各相続人の相続分を計算します。

遺産分割協議や家庭裁判所での調停で寄与分を決める協議や調停で話がまとまらない場合には、家庭裁判所の審判により寄与分の有無・金額が決められます。ただし、寄与分があると認められるためには、夫婦間の協力義務や親族間での扶養義務の範囲を超えた特別の寄与でなければなりません。

この特別受益・寄与分の制度は、該当性・範囲など判断が難しい点も多いので、よくわからない場合は、すみやかに専門家にご相談されることをお勧めいたします。

3－3－3 遺留分

「**遺留分**」とは、相続人が相続で間違いなく取得できる財産上の利益のことを意味します。たとえば、三人いる相続人のうちの一人に全財産を遺贈したら、後の二人は1円ももらえないことになり不公平になります。そこで、相続人の生活保障や共同相続人間の公平な財産相続を図るために、一定の相続人に必ず残しておくべき一定の相続財産の割合として遺留分の制度が設けられており、この財産上の利益は遺言でも変更することができません。すなわち、民法では、相続は、その人の生前の意思である遺言によって相続財産の帰属が決められるのが原則ですが、遺言を書いても、一定の割合の財産については変更できないのです。

どの範囲の財産が変更できないかは、法定相続人が被相続人とどのような血縁関係にあるかで異なり、次のようになります（図3－3参照）。

①祖父母、両親など直系尊属だけが相続人の場合……遺産全体の3分の1が遺留分となる
②兄弟姉妹が相続人の場合……遺留分はない
③その他の場合……遺産全体の2分の1が遺留分となる

したがって、自分が死んだときの相続人として兄弟姉妹しか考えられない人の場合は、遺留分の問題が生じることなく、自由に遺言が書けることになります。

ここで、遺留分を無視した遺言の効力がどうなるか説明します。たとえば、妻と子一人の相続で、妻に全財産を与えるという遺言があった場合、一応妻が全財産を相続することになります。しかし、子が後日、遺留分があると申し入れたときは、子に相続財産の4分の1にあたる財産が渡されることになります。つまり、遺留分を持っている人がそれを侵害されてもその人が文句を言わない限り（この権利を「**遺留分減殺請求権**」という）遺言の内容は完全に実現されるのです。

なお、遺留分減殺請求権は、相続の開始および減殺すべき贈与、遺贈があったことを知ったときから1年以内、もし遺留分の侵害を知らなくても、相続開始後10年以内に行使しなければ消滅してしまう権利なので、できるだけすみやかに行使する必要があります。

コラム 遺留分の放棄

遺留分は事前に放棄させることもできます。遺留分の放棄とは、いわば「どのような遺言でも文句は言わない」と相続人が宣言する手続ですが、この手続が済むと、遺留分を無視した遺言でもその内容どおりに相続が実現することになります。ただし、遺留分の放棄については、家庭裁判所の審判により許可をとることが必要になります。

図3-3 遺留分

配偶者、子、父母（直系尊属）が相続人の場合は、法定相続分の半分。
兄弟姉妹はない。

相続人が父母（直系尊属）のみの場合は、法定相続分の３分の１。

①　配偶者も子もなく、父母（直系尊属）がいるケース

②　子も父母（直系尊属）も配偶者もなく、兄弟姉妹がいるケース

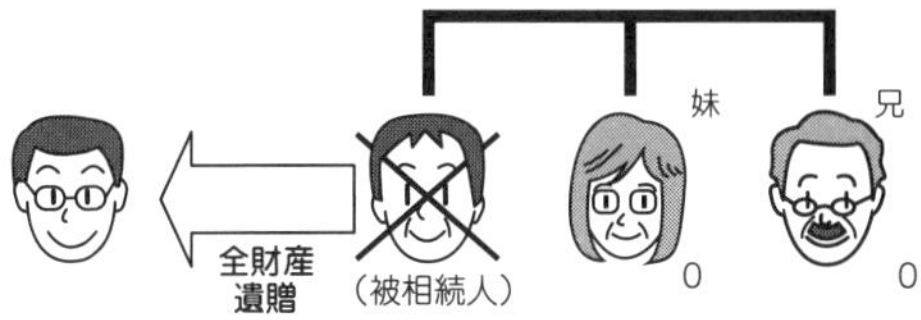

全く遺留分はなし

図 3-3　遺留分

③-1　配偶者と子がいるケース

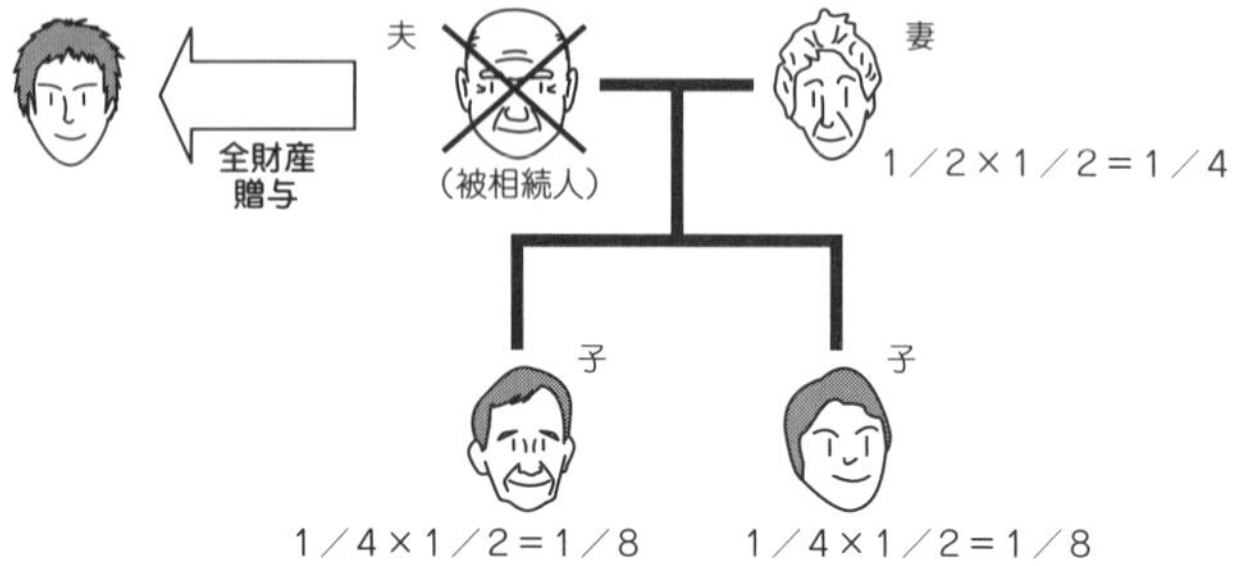

③-2　子がなく、配偶者と父母（直系尊属）がいるケース

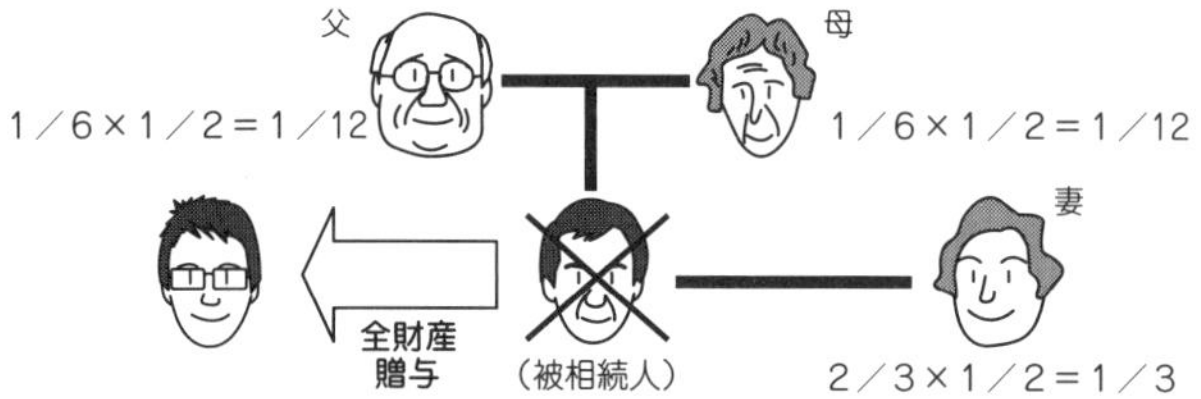

③-3　子も父母（直系尊属）もなく、配偶者と兄弟姉妹がいるケース

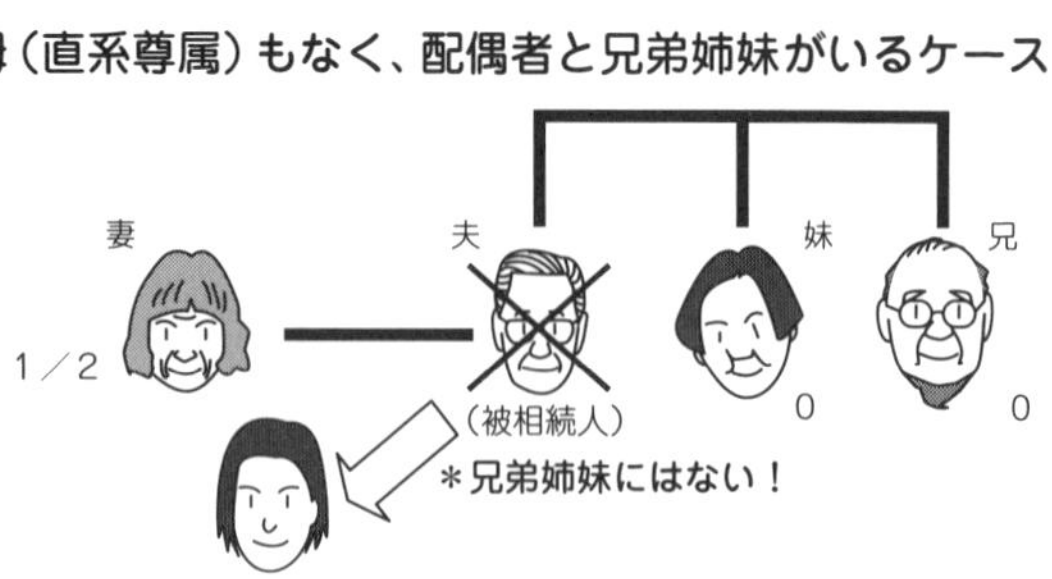

4章

相続税の全体像

4－1 相続税

相続税とは、亡くなった方の財産を相続により取得したときや、遺言によって財産を取得したときに生じる税金です。「なぜ、親の財産を引き継いだだけなのに税金を払わなければならないのか?」と感じる方もいらっしゃるでしょう。いわゆる相続税が果たす機能については、租税法の専門書を見ると多くの課税の根拠が書いてあったりしますが、ここではよくいわれる説である「富の再配分機能」について簡単に触れたいと思います。これは、もし相続税がないとすると、お金持ちの子孫は自ら大した努力をしなくても何代もお金持ちのままでいることができ、逆にお金のない人は、自助努力で経済的に相当な成功をおさめない限りは貧乏から抜け出すことができません。民主主義、自由経済主義の世の中において、人が生まれた時点から家庭環境によってそこまでのハンディをつけられていること、またその階層が固定化されることは、望ましくないと考えられています。そこで、お金持ちのご家庭からは代替わりするたびに相続税として資産の一部を召し上げて、その財産を廻りまわって世の中の人たちに行きわたるように分配することにした、という機能です。しかし、相続税は最高税率が55%という、とても高い税率が課せられる税金です。そのため、「相続が続くと三代で財産がなくなる」という表現をすることもあるようです。

また相続税は、所得税や法人税と比べることでも、その特徴をとらえることができます。所得税や法人税は、一年間や一事業年度といったある一定の期間において得たフローとしての所得（いわば儲け）に対して課せられる税金です。一方相続税は、被相続人が亡くなる時点でのストックとしての資産の額に対して課せられる税金です。

相続税は、相続税法の規定をよりどころとしています。そのため、まずは相続税法の特徴をいくつかあげておきます。相続税法は、「相続」や「贈与」により財産を取得した個人が納めるべき税金について規定した法律です。

4－1－1 相続税法の主な特徴

①「一税法二税目」

相続税法は、法人税法や所得税法とは異なって、その一つの法律の中に「相続税」と「贈与税」という二つの税目を規定しています。

②　贈与税は、相続税の補完税

仮に、贈与税がなく相続税しかかからないとすれば……生きている間に財産をすべて贈与してしまえば税金がかからなくていい、ということになってしまいます。そこで相続税法は、相続時にかかる相続税だけでなく、生前の贈与時にかかる贈与税という二つの税目を設けています。

③　申告納税方式

相続税（贈与税も）は、納税義務者である相続人等が納付すべき税額を自ら所定の様式の書類に記入して税務署に提出して税金を納付する、という申告納税方式がとられています。相続税の申告と納税は、相続の開始があったことを知った日（通常は亡くなった日）の翌日から10ヶ月以内に被相続人の亡くなった当時の住所地の税務署に対して行わなければなりません。なお後述するように、相続財産の課税価額が基礎控除額以下の場合は、申告書の提出は不要です。申告の期限までに申告しなかった場合には、本来納めるべきだった税金以外にも加算税がかかったり、期限までに納付しなかった場合には、利息にあたる延滞税がかかるので注意が必要です。

④　相続税が生じるときは

図4-1

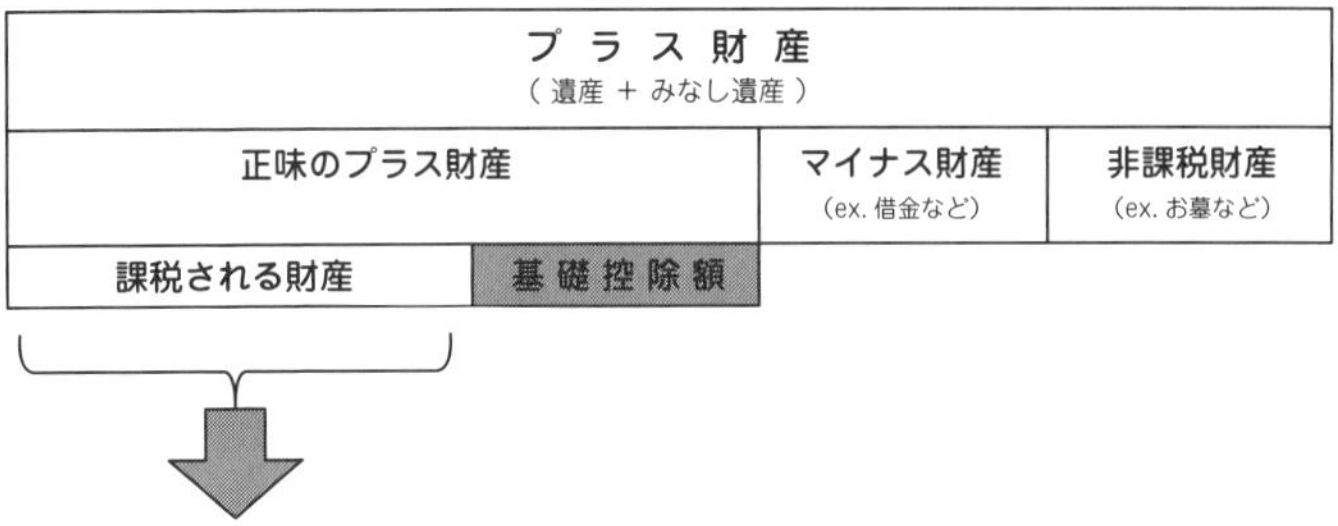

相続税の課税対象の財産
これを、法定相続人間での按分を仮定した按分額に税率を乗じて相続額を算出し、その合計が「相続税の総額」になる。

相続税は、相続・遺贈（遺言により財産を他人に無償で贈与すること）・死因贈与・生前贈与（相続時精算課税のとき）による財産の取得のときに、税金が課せられます。

4―1―2 相続税の計算

相続税の計算過程は、いくつかのフェーズで大きく分けられていて、そのフェーズごとにさらに細かく規定がなされています。ここでは相続税の計算過程のイメージを作るため、細かいことは抜きにざっくりと説明します。図4―1をご参照ください。

相続税は、遺産（プラス財産）から、まず借金や未払医療費などの負債（マイナス遺産）と葬儀費用を控除することで、残った正味の遺産額から基礎控除額を差し引き、残りがあればそれに所定税率を乗じることで計算されます。後ほど簡単な具体例で実際に計算してみたいと思います。

次に、**基礎控除**についてご説明します。基礎控除とは、相続人の数に応じて一定の計算式で計算されるものです。相続税の計算過程においては、遺産の金額から控除することができます（図4―1のアミかけの部分）。

(1) 基礎控除の位置付け

基礎控除については、相続税法15条で定められています。第1項では基礎控除の計算式について定められていて、第2項と第3項では養子や相続放棄があったときに相続人の範囲をどうすべきかについて定められています。

これは、被相続人が亡くなった後の遺族の最低限の生活の安定等のため、という政策的な目的によって控除が認められたものです。

(2) 基礎控除額を計算する

基礎控除額は、次の計算式で算出します。

3000万円＋（法定相続人の数×600万円）

たとえば、父・母・子2人の4人家族において、仮に父に相続が起きたとします。この場合、法定相続人は、母・子2人の計3名になります。計算式に当てはめると、基礎控除額は、3000万円＋（3名×600万円）で、4800万円と計算されます。

そうすると、プラス遺産からマイナス遺産を差し引いた正味遺産が4800万円以下であれば、このご家庭の今回の相続に関しては、税金はかからず、相続税の申告も不要ということになります。なお、仮に養子がいたり相続放棄があったりすると、「法定相続人」の数の特定に少しテクニックが必要になりますので、くわしくは専門家にご相談ください。

コラム 「民法上の相続人」と「相続税法上の相続人」とは、一致しないことがある!?

実際に遺産を取得する「相続人」と、相続税を計算する（つまり基礎控除の計算要素となる）際の「相続人」は、必ずしも同じとは限らないということがあります。なぜそのようなことになるのでしょうか？　それは、民法と相続税法で次のような違いがあるからです。

i　相続税法上は、養子の数に制限がある

・被相続人に実子あり、または実子なしでも養子の数が1人である場合……上限1人
・被相続人に実子なしで、養子の数が2人以上である場合……………………上限2人

なぜ税法は、「相続税法上の相続人」に含まれる養子の数に上限を設けたのでしょうか？

ひと昔前までは、税法上も養子の数に上限はありませんでした。しかし、それを利用（悪用？）して、相続税を節税するために何人もの養子と縁組することで基礎控除額を増やすということが行われました。このような偏った目的によって税金を（不当に）低くすることを回避する観点から、相続税法は相続人にカウントできる数に制限を設けたのです。

もちろん、養子の数の制限は、税金を計算する際の制限にすぎませんので、実際に養子が何人いても法律上問題が生じるわけではありません。

ii　相続税法上は、相続放棄はなかったものと考える

・相続放棄については、民法で「自己のために相続の開始があったことを知った時

から三箇月以内に」「しなければならない」（民法915条）と規定されています。つまり相続発生前に行うことはできず、相続発生後にはじめて行うことができます。また相続発生後はいつでもできるというわけではなく、一定の期間制限があります。

・相続放棄の効果について、同じく民法で「相続の放棄をした者は、その相続に関しては、初めから相続人とならなかったものとみなす」（民法939条）と規定されています。つまり相続放棄をすると、法律の解釈上、その方は相続時に遡ってそもそも相続人ではなかったとみなされるのです。

また相続放棄は、代襲相続の原因として認められておりません（民法887条2項参照）。

なぜ相続税法は、「相続税法上の相続人」を確定するうえで、相続放棄はなかったものと考えるとしたのでしょうか？

相続放棄は、相続人がその自由な意思で行うことができます。仮に相続放棄をすることで相続の順位を操作できて相続税の額を変動させることができるとすると、相続放棄者や関係者の判断によって税金の額を恣意的に操作することができてしまいます。

税法はそのような状況を良しとは当然考えませんし、租税回避行為の誘発につながることになります。そのため税法上は、相続放棄によっても法定相続人の数に変動はないとする規定が設けられたのです。

(3) 相続税を計算する

(2)のご家庭を例に、実際に相続税を計算してみましょう。

父の財産目録

①自宅（土地、建物）	評価額9000万円
②現金預金	2000万円
③有価証券	800万円
④借入金	700万円
⑤葬儀費用	300万円

〈仮定〉　相続人は法定相続割合どおりに相続する。
小規模評価減の特例は適用しないとする。
配偶者の税額軽減は適用しないとする。

【フェーズⅠ】　純遺産額を計算する

・まず、プラス遺産額を集計します……………1億1800万円（①〜③の合計）
・次に、マイナス遺産額を集計します…………1000万円（④、⑤の合計）
・基礎控除額は、⑵で計算したとおりです…4800万円

相続税の対象となる遺産は、1億1800万円から、1000万円と4800万円を控除した6000万円となります。

【フェーズⅡ】法定相続人ごとに相続税を計算する

まず、相続税の対象となる遺産を、法定相続人で法定相続割合どおりに相続したと仮定して、法定相続人ごとに分けます。

・母　6000万円×法定相続割合2分の1＝　3000万円
・子1　6000万円×法定相続割合4分の1＝　1500万円
・子2　6000万円×法定相続割合4分の1＝　1500万円

次に、法定相続人ごとに分けた遺産額を、相続税の税率速算表（図4―2）にあてはめて各人ごとの相続税額を計算します。

・母　3000万円×15％－50万円＝　400万円
・子1　1500万円×15％－50万円＝　175万円

図 4-2

相続税の速算表（2015（平成27）年1月1日以降に被相続人が亡くなった場合）

課税価格	税率	控除額
1,000万円以下	10%	なし
1,000万円超　3,000万円以下	15%	50万円
3,000万円超　5,000万円以下	20%	200万円
5,000万円超　1億円以下	30%	700万円
1億円超　2億円以下	40%	1,700万円
2億円超　3億円以下	45%	2,700万円
3億円超　6億円以下	50%	4,200万円
6億円超	55%	7,200万円

・子2　1500万円×15%－50万円
＝　175万円

【フェーズⅢ】相続税の総額を実際の相続割合に応じて分ける

まず、相続税の総額は、750万円

これを実際の相続割合に応じて分けます。

本設例では法定相続割合どおりに相続するとしているため、最終的に母は375万円、子1、子2は187万5000円が、それぞれ納付すべき相続税額になります。

みなさんは1年間に亡くなる方のうち、どのくらいの割合で相続税が課税されているかをご存知でしょうか？

国税庁によれば、2014（平成26）年分の相続税の申告状況について、被相続人はおよそ127万人、そのうち相続税の課税対象になった方はおよそ5万6000人であると公表しています。つまり、被相続人に対する課税対象者数の割合はおよそ4％です。

2015（平成27）年1月以降は、税制改正によって基礎控除が改正前の6割の水準まで引き下げられたため、129万人のうち、相続税の課税の対象になった方は、10万3000人でした。課税対象者数の割合は8％急増しました。それこそ首都圏でご自宅をお持ちの方であれば、相続税の課税対象となってしまう可能性が高くなりました。2016（平成28）年は、130万人のうち10万5000人に増えましたので、今後は相続税の課税対象者数もさらに増加することになります。

正に相続税の大増税時代です。相続税はもはや「お金持ち」や「資産家」だけに関係する税金ではありません。相続を円滑に乗り切るために、生前から計画性をもってじっくりと相続対策を行うことが必要になっています。

【ステップ 3】
相続税の総額の計算

【ステップ 4】
納税額の計算

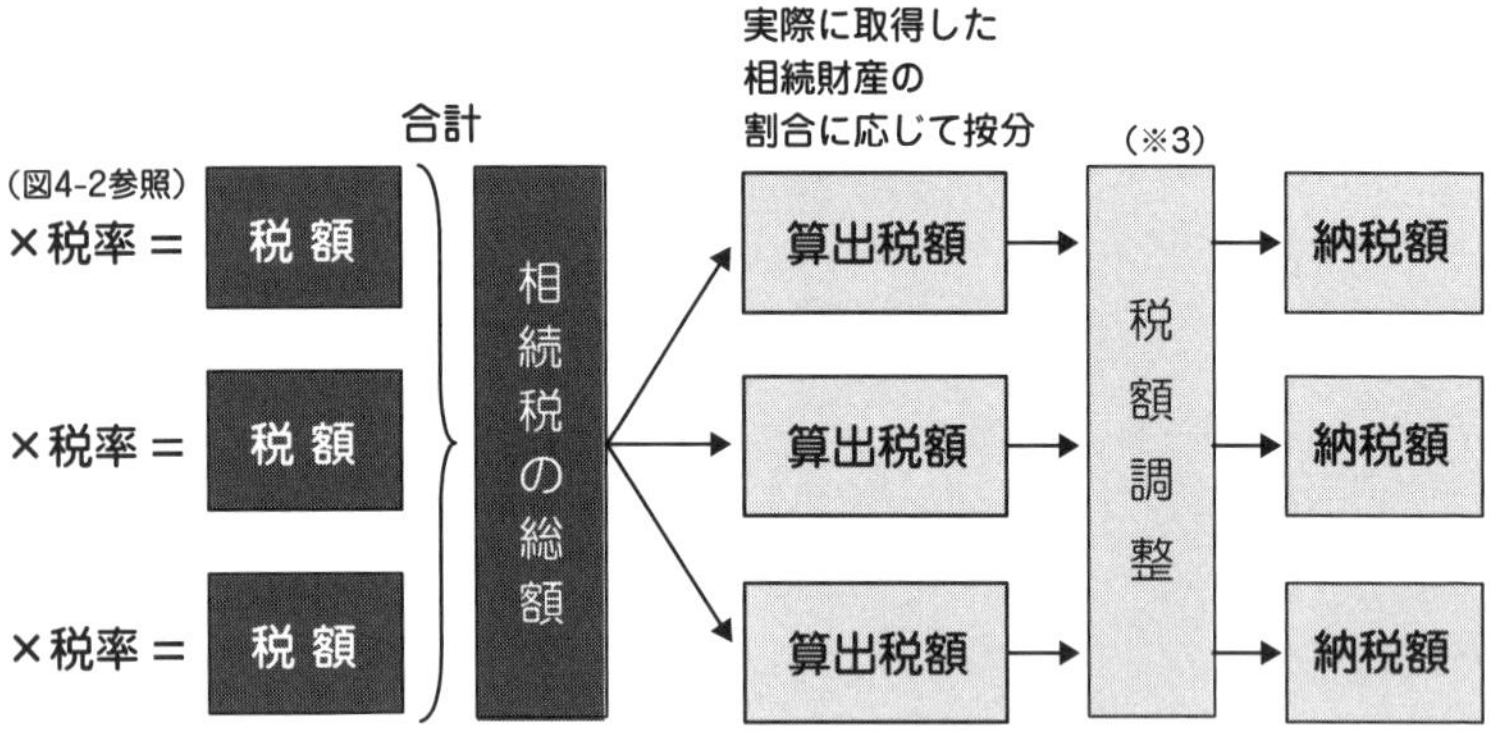

図4-3

◎相続計算のしくみ◎

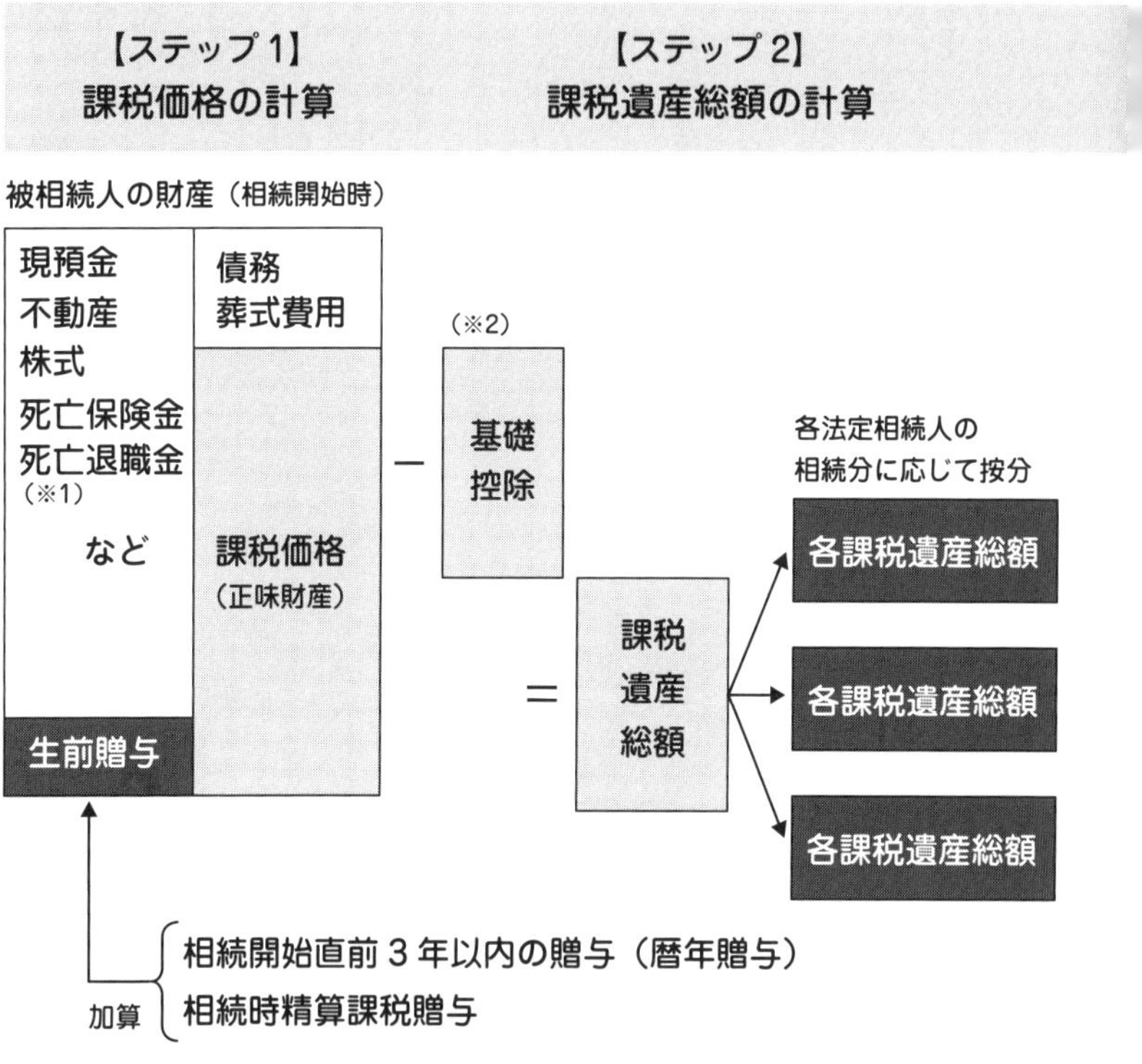

（※1）死亡保険金・死亡退職金の非課税枠
＝法定相続人の数 ×500 万円
（※2）基礎控除 =3,000 万円＋（600 万円 × 法定相続人の数）
（※3）贈与税額控除・配偶者の税額軽減など

4－1－3　小規模宅地等についての相続税の課税価格の特例

(1)「小規模宅地等についての相続税の課税価格の特例」

国税庁の発表によりますと、2014（平成28）年度中に亡くなった人で相続税の課税対象となった方における相続財産の構成割合は、土地38・0％（前年38・0％）、現金・預貯金等31・2％（前年30・7％）、有価証券14・4％（前年14・9％）となっています。この結果からわかるように、やはり遺産の中で最も大きな割合を占める資産は「土地」であり、実に遺産の半分近くを占めていることがわかります。

相続財産の金額は、どのように評価されて決まるのでしょうか？　現金や預貯金であれば、正にその額面が、評価額になります。有価証券も証券取引所で売買されている上場株式であれば、相続が起きた日の株価が、評価額になります。では、「**一物四価**」などといわれる土地などの不動産はどのようにして評価するのでしょうか。実は土地については、国税庁が発表している路線価や評価倍率表などを用いて、ある程度決まった計算式により評価額が算出されます。しかし土地等の不動産は、預貯金等の金融商品とは異なる特性があります。たとえば、客観的に決められた金額で何時でも換金することができるわけではないですし、たとえすぐに買い手がつく人気の場所の土地であったとしても、現にそこに自宅を建てて住んでいるような場合には、現実的に売却することもできません。

そのため土地については、相続税の計算過程においてもそういったさまざまな事情が考慮され、一定の要件を満たす土地について課税価格が減額されるという税制特例も設けられています。その中でも重要な特例の一つとして「小規模宅地等についての相続税の課税価格の特例」（以下「**小規模特例**」という）があげられます。

「小規模宅地等についての相続税の課税価格の特例」とは、相続（または遺贈）により取得した財産のうち、一定の要件を満たす宅地等（以下「小規模宅地」という）について、通常の方法によって計算した小規模宅地の価額から、その価額に一定の減額割合を乗じて計算した金額を控除した金額を、相続税の課税価格に算入するというものです（租税特別措置法69条の4、郵政民営化法180条）。

つまり簡単に言うと、一定の要件を満たす宅地であればその評価額から大幅な減額を受けることができ、結果として相続税を低減することができるのです。

たとえば、自宅敷地（300㎡、およそ100坪とする）を相続した場合、通常に評価すると1億円の評価額の土地が、小規模特例を適用すれば8割引になり、2000万円まで評価額が低くなることになります。

小規模特例が適用される小規模宅地等は、細かく言えば貸付事業用地なども含まれますが、やはり最も大きいのは、居住用マイホームの敷地である居住用宅地でしょう。

以下では、最も特例の適用が想定される居住用宅地のなかでも「被相続人が居住していた自宅の宅地」に絞ってご説明したいと思います。居住用宅地は、相続人の営む生活基盤となることが多く、売却等で処分し換金することが現実的には困難であることが多いと考えられます。現に、バブル景気により国内不動産の地価が異常に高騰した時代、都心部の土地にかかる相続税の金額が非常に高額なものになってしまい、自宅を相続した配偶者が相続税を納税することができなかったことなどが、数多く起きました。そのような相続人を保護するという政策的な観点から本特例が創設されるに至っています。

(2) 小規模宅地等の特例を受ける条件

小規模宅地等の特例を受けることができる相続人は、次のとおりです。

・被相続人の土地を配偶者が相続した場合

・被相続人と同居していた親族がその土地を相続し、被相続人の死亡直前から相続税の申告期限まで引き続き所有し居住していた場合

・被相続人にはお意義医者や同居していた親族がおらず、被相続人の死亡前の3年間に相続人かその配偶者が持ち家に住んでなく、被相続人の宅地を相続税の申告期限まで所有していた場合（通称「家なき子」）

2018（平成30）年4月以降、この家なき子の要件が厳しくなります。相続前の3年間に、3親等内親族や特別な関係のある法人が所有する家に住んでいた人も特例の対象外になります。

贈与や譲渡の時期がかなり前であっても、その家を所有していたという過去がある限り、家なき子とは認められません。意図的に家を持っていない状況を作り出すことはできなくなると言えるでしょう。

(3) 小規模宅地等の特例の限度面積と減額割合

①居住用特例の場合
・適用面積……330㎡まで
・減額割合……80％
②居住用特例と事業用特例、賃貸用特例との併用が可能
店舗や事業用は、400㎡が上限で減額割合は80％です。賃貸用は、200㎡が上限

で減額割合は50％です。居住用と店舗・事業用を併用して最大730㎡まで減額が可能です。また、すべてを併用することもできます。

(4) 小規模宅地等の特例を受けることのできる住宅

①二世帯住宅の場合

「同居していた親族」が要件になりますが、どういった形態での同居が税務上の「同居親族」と認められるかという問題がありましたが、今はこちらについてはかなり緩和されています。二世帯住宅については、家屋内部で自由な行き来ができるか否かにかかわらず、同居しているものと認めます。

②老人ホームに入所する場合

老人ホームに入所していたことにより被相続人が居住しなくなった家屋の敷地について、以下の要件を満たす場合には、相続の開始の直前において被相続人が居住していたものとして、特例の適用が認められています。

・被相続人に介護が必要なため入所したものであること
・貸し付けなどの用途に供されていないこと

4－2 贈与税

贈与税は、本章の冒頭でも説明したとおり、「**一税法二税目**」として相続税の補完税と位置付けられています。そのため贈与税は、相続税との関連性を意識しながら、その理解を深めることが不可欠です。

相続あるいは相続税との関わりを踏まえて、贈与に関する制度や規定のなかでも重要なものとして、次のものをあげることができます。

・暦年課税制度
・相続時精算課税制度（相続税法21条の9）
・相続時精算課税に係る贈与税の特別控除（相続税法21条の12）
・相続開始前3年以内に贈与があった場合の相続税の計算と贈与税額控除（相続税法19条）
・贈与税の配偶者控除（相続税法21条の6）
・直系尊属から住宅取得等資金の贈与を受けた場合の贈与税の非課税

4-2-1　贈与税とは？

贈与税は、贈与により金品等の財産を取得したものに課される税金のことをいいます。ただし一つ注意点として、財産の贈与に対して課される税金がすべて贈与税であるとは限りません。贈与者（あげる人）と受贈者（もらう人）の関係によっては、贈与税ではなく、所得税や法人税が課税されることがあるからです。いくつか例外もありますが、基本的には、贈与においてあげる人ともらう人が両方とも「個人」の場合は、贈与税が課税されると考えても問題はありません。

4-2-2　贈与税制度

贈与税制度は、大きく次の二つに分けられます。

- **暦年課税制度……通常の贈与税制度。各年ごとに贈与税額を計算する**
- **相続時精算課税制度……贈与時に納付した贈与税を、相続税の計算時に精算する制度**

暦年課税制度は、比較的なじみのある制度だと思いますので、ここではまず、あまり一般的にはなじみの薄い「相続時精算課税制度」についてご説明したいと思います。

4-2-3 相続時精算課税制度

「**相続時精算課税制度**」とは、贈与者から贈与を受けた財産について、累積で2500万円までは、贈与時の贈与税は非課税（2500万円を超える部分については20％の税率で贈与税が課税）とされ、その贈与者が亡くなった場合には、その贈与財産の贈与時の価額と相続財産の価額を合算して、相続税として精算（本制度により納付した贈与税額については相続税額から控除）する制度です。

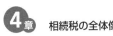

相続時精算課税制度の目的の一つとして、財産の早期移転を促すことがあげられます。つまり、あまり消費が旺盛でないシニア世代から、住宅ローンや教育資金など消費や支出の多い若年世代へと、生きている間からその財産を移転することを制度的に促すことで、若年世代の家計の負担が助かることはもちろんのこと、ひいては国民経済という大きな観点からも、消費活動が活性化されて日本経済の景気を刺激する効果を期待した制度といえます。

財産の早期移転をするに際して、仮にその贈与時に多額の贈与税がかかるとなれば、あげるほうももらうほうも、多額の税金負担が障害となって、生前贈与を躊躇することの原因になりかねません（相続税率表（図4―2）と贈与税率表（図4―4）を参照）。仮に譲る財産の金額が同じと仮定すると、相続税よりも贈与税のほうが、課される税金の額が大きいことがわかります。同じ財産を譲るのであれば、生前に贈与するより、相続の時点で譲ったほうが、税金の負担額が低いのです。これがいままで生前贈与が行われにくかった理由の一つになっていました。

相続時精算課税制度は、わかりやすく説明するとすれば、「この制度を利用しても、相続税の節税対策にはならない。この制度を利用しても、相続が起きればその贈与を含めて精算されるので、通算すると同じ額の税金はかかる。この制度を利用して、今贈与したとすると、（一定額までは）現時点では贈与税がかからない」という制度といえます。

たとえば、親一人・子一人のシンプルなケースを仮定して、親の財産額（2000万円）を生前贈与すると想定します。

仮に暦年贈与で行うと、贈与税額は820万円になってしまいます。

ここで相続時精算課税制度を選択すると、贈与時には税額なし、相続時には遺産が基礎控除を下回るため税額なし、ということになります。

図 4-4

贈与税の速算表（現行）

※20歳以上の子・孫が受贈した場合

課税価格（基礎控除後）	税率	控除額
200万円以下	10%	なし
200万円超　400万円以下	15%	10万円
400万円超　600万円以下	20%	30万円
600万円超　1,000万円以下	30%	90万円
1,000万円超　1,500万円以下	40%	190万円
1,500万円超　3,000万円以下	45%	265万円
3,000万円超　4,500万円以下	50%	415万円
4,500万円超	55%	640万円

※20歳以上の子・孫以外の者が受贈した場合

課税価格（基礎控除後）	税率	控除額
200万円以下	10%	なし
200万円超　300万円以下	15%	10万円
300万円超　400万円以下	20%	25万円
400万円超　600万円以下	30%	65万円
600万円超　1,000万円以下	40%	125万円
1,000万円超　1,500万円以下	45%	175万円
1,500万円超　3,000万円以下	50%	250万円
3,000万円超	55%	400万円

① 適用対象者

次に該当する場合には、財産の贈与を受けた人は、財産を贈与した人ごとに相続時精算課税制度を選択することができます。

相続時精算課税制度を選択できる場合（年齢は贈与の年の1月1日現在のもの）

・贈与者　→60歳以上の親

・受贈者　→推定相続人である20歳以上の子または孫

② 相続時精算課税に係る贈与税の特別控除

相続時精算課税制度によれば、贈与財産の価額が、累積で特別控除枠2500万円に達するまでは贈与時の贈与税は非課税、2500万円を超えたときはその超過額については一律20％の税率で計算される贈与税を納めることになります。

そして贈与した者（特定贈与者）に相続が発生したときに、その特定贈与者の遺産に、相続時精算課税制度の利用による贈与財産の価額を加算して、相続税を計算します。

ここで生前贈与の累積額が特別控除枠を超える場合、受贈者は贈与時点において贈与税を納税しなければなりません。そのため、仮に相続時点において相続税が課税されるとなれば、同一の財産について贈与税と相続税という二つの税金が課税されることになります。

そこで二重課税を回避するための制度として「贈与税の特別控除」が適用されます。つまり、相続税の算出においては、当制度による生前贈与財産の価額をいったん相続財産に足し戻して相続税を算出するも、算出された相続税額から、贈与時に納付した過去の贈与税の金額を控除します。

③ 相続時精算課税制度の利用上の注意点

相続時精算課税制度には注目すべきいくつかの特徴があげられます。当制度の利用上の注意点は、次のとおりです。

・相続時精算課税制度は、納税者の選択により利用することができます。
・相続時精算課税制度を選択する受贈者は、その選択について最初の贈与を受けた年の翌年2月1日から3月15日までの間に税務署長に対してその旨の届出書を、贈与税申告書に添付して提出します。
・いったん相続時精算課税制度を選択したときは、それ以降のその贈与者からの贈与による取得財産については、すべて相続時精算課税制度の規定により贈与税額を計算することになります。つまり、いったん選択した後は暦年課税制度を適用することができませんし、またその適用を取り消すこともできません。

・相続時精算課税制度による財産の移転は贈与と同様であるので、当制度を利用した不動産の贈与がなされた場合における登録免許税や不動産取得税の取扱いについても、贈与に基づく税率が適用されます。相続の場合は、贈与の場合と比べると登録免許税が低税率であったり、不動産取得税が非課税になるなどのメリットがあります。

④ 相続時精算課税制度の活用

これまでで述べたように、相続時精算課税制度を利用すると、生前贈与の時点で多額の贈与税を納税する必要がなくなります。しかし、その贈与者に将来相続が起きたときには、相続財産の価額にその生前贈与財産の金額が加味されて相続税が課税され、単純に節税が図れるといった制度ではありません。

しかしこの制度は、その使い方によっては、一定の節税効果が期待されたり、生前贈与以外の副次的な目的のために活用することができるといえます。

たとえば……

□ **遺産が基礎控除額を超えない（ので、相続税が発生しない）ご家庭では……**

将来相続税が発生しないとしても、現時点で暦年課税制度による生前贈与を行うとすると、多額の贈与税負担が発生してしまいます。

このようなときに相続時精算課税制度を利用することで、2500万円までであれば無税で財産の贈与を実現することができます。子どもたち世代は、住宅購入資金や教育・育児資金などで何かと物入りです。いま財産を贈与することで、必要な援助を実現することができます。

□ 将来値上がりする（しそうな）財産をお持ちのご家庭では……

相続時精算課税制度を利用した場合、実際に相続が起きたときの相続税上の財産評価額は、相続時の価額ではなく、当制度利用時（＝つまり生前贈与時）の価額に固定されます。たとえば、今は不況の影響で地価が落ちていますが将来は地価が上昇する（だろうと考えている）土地を、当制度により生前贈与することで、現時点の財産評価額と将来値上がりした時の財産評価額との差額について、相続税の節税を図ることができます。

□ 賃貸アパートをお持ちのご家庭では……

賃貸アパートなど、時間の経過によって新たな財産を生み続ける資産の場合、仮にオーナーが相続が起きる時までその収益物件を所有していたとすると、その期間中の賃料収入（正確にはその手残り）についても、当然にオーナー固有の相続財産として相続税がかかってしまいます。

賃貸アパートなどの投資資産を、当制度により生前贈与することで、投資資産そのものだけでなく、その投資資産が贈与時以降、将来にわたって生み出すであろう財産をも、受贈者の財産とすることができるため、実質的に相続税の節税を図ることができます。また受贈者側としても、その賃料収入を生活費等の資金需要に充当することができます。

□ 愛情表現と感謝の言葉を、生前にやりとりができる

財産の贈与は、親から子・孫への愛情表現の一つでもあります。

たしかに、ある資産を特定の人に承継させる場合、その手段として遺言により相続・遺贈を行うという方法が考えられます。しかし、遺言は遺言者の死後に開封し執行されるため、渡す側が生きている間にその愛情表現が実現されることは当然ありませんし、もらう側からの感謝の言葉を直接受けることも同じくできません。かといって暦年課税制度による生前贈与では、贈与時に財産をもらったほうに多額の贈与税が発生してしまいます。

当制度により生前贈与することで、渡す側が生きている間に愛情表現のやりとりを実現することができます。

これまでは、贈与税制度のうち、「相続時精算課税制度」について簡単にご説明しまし

た。これからは、もう一つの制度である「暦年課税制度」についてご説明したいと思います。

4−2−4 暦年課税制度

(1) 贈与税の計算

① 贈与税の基礎控除

「贈与は、〝年間110万円まで〟は無税でできる」ことは、広く知られています。これは、**暦年課税制度**における贈与にかかる基礎控除額が、現行制度では110万円と定められているからです（相続税法21条の5、租税特別措置法70条の2・70条の3）。実際にこの基礎控除枠の制度を利用して配偶者・子・孫などへ生前贈与をしている方も多いのではないでしょうか。

贈与税の計算過程における基礎控除額の使い方は、相続税の場合とほぼ同じ考え方です。簡単に説明しますと、贈与により譲り受けた財産の価額から基礎控除額を差し引いた後の残りが、贈与税の課税対象金額になります。そしてこの課税対象金額に、所定の税率を乗じることで、贈与税は計算されます。1年間に贈与を受けた財産の価額の合計額が

110万円以下であれば、基礎控除後の課税価格がありませんので、贈与税がかかりませんので、贈与税の申告書を提出する必要はありません。

相続税と贈与税では、基礎控除額の計算方法が異なります。

相続税の場合は、「相続1回あたり、法定相続人の数に応じて」基礎控除額を計算します（相続税の基礎控除についての記載箇所をご参照ください）。一方で贈与税の場合には、「1年度ごと、受贈者1人ずつ」で基礎控除額を計算することになります。

簡単な事例で確認してみます。たとえば同一年度において、祖父から500万円、父から200万円、母から50万円の現金の贈与を受けたとします。

この場合、次のような計算により、131万円の贈与税がかかることになります。

（500万円＋200万円＋50万円）－110万円＝640万円

640万円×40％－125万円＝131万円

(2) 暦年課税制度の活用と節税対策

資産家やそのご家族にとって、基礎控除110万円の枠というのは少し物足りないかもしれません。確かに、基礎控除額の枠がもっと大きくなれば、生前贈与の利用が活性化されて、次世代への財産の移転も活発に行われるのかもしれません。資産家にとってこの金額枠は「節税対策」としての効果が薄いないし小さいもの、と感じる方もいらっしゃるでしょう。しかし少額の贈与も積もれば大きなものとなります。資産家の方もそうでない方も、毎年少額ずつでも長期間にわたって贈与を行うことで、その節税効果は大きなものとなります。基礎控除枠をうまく利用することで、生前贈与と節税を実現することができるでしょう。

コラム 基礎控除の枠は変わるかもしれない!?

『110万円』という暦年贈与の基礎控除の枠は、「相続税法」で規定されているものではなく、「租税特別措置法」という時限立法で規定されているものです。相続税法では21条の5において「……課税価格から『60万円』を控除する」と規定しています。そのため特別措置法の適用延長がなされなかった場合、この法律は消滅することになるため、基礎控除額は60万円になってしまいますので、ご注意ください。

4−2−5 贈与税制度における特例

贈与に関しては各種の税特例制度が設けられています。ここでは、それらのうち相続税と関係するもの、配偶者が受けられるもの、住まいに関係するもの、といった代表的な特例制度についてご説明します。

(1) 相続開始前3年以内に贈与があった場合の相続税の計算

相続税と贈与税のどちらが適用されるのかの区別については、相続が起きる前であれば贈与税、相続が起きた時であれば相続税がかかるというように、財産が移転されたタイミングによって区別されるという認識の方もいらっしゃるのではないでしょうか。それでほぼ間違いはありません。しかし、相続が起きる前、つまり生前の贈与であっても相続税が課税されることになるものがあります。それは「**相続開始前3年以内の贈与**」がなされた場合です。

相続開始前3年以内に被相続人から財産の贈与を受けた場合、相続税法上、その財産は相続財産とみなすことと規定されています。そのため、生前贈与によって取得した財産の価額を相続が起きたときの遺産に加算した価額を相続税の課税価格とみなして、相続税を計算するのです。

ただし、生前贈与が暦年贈与の基礎控除枠を超えていた場合、すでに受贈者において贈与時に贈与税を納税しています。それなのにその贈与に関しても改めて相続税が課税されるとなれば、税金の二重払いになってしまいます。そこでこの二重課税を回避するため、相続開始前3年以内の生前贈与を加味して算出した相続税額から、すでに納付した贈与税額を差し引くことができる「**贈与税額控除**」が適用されます。

やはり若くて元気なうちは、「相続」は、まだ未来のこと、まだ自分には関係のないこと、対策といわれても現実的な実感として感じにくいという感覚の方も多いでしょう。そして生前贈与などの相続対策を始めるのは、ご年齢、体調、周りの状況などで少し死期を意識し始めたときに始める方が多いと思います。しかしこの税制特例が存在することによって、相続税上は死亡時期に近い期間において生前贈与が行われたとしても、節税の観点からの相続対策としての効果がないことがわかります。

※相続開始前3年以内の贈与に限り相続財産とみなす相続税法上の処理とは異なり、民法上は、生前贈与については、その生前贈与が特別受益（3章127ページ参照）に該当する場合、3年以上前の生前贈与についても，相続財産への持ち戻しが行われますの

で、注意が必要です。

(2) 贈与税の配偶者控除

贈与税の配偶者控除の特例とは、特例が適用されるための要件を満たすとき、一定の額を上限として、配偶者間で行われる居住用不動産もしくは居住用不動産を取得するための金銭の贈与について控除が認められるという制度です。

通常、夫婦はお互いに協力して財産の形成をしており、夫婦のどちらか一方のみの努力で形成されるものではありません。また一般的に夫婦間で行われる贈与については財産の移転としての「贈与」という認識が薄いと考えられます。さらには、居住用の住まいは、生活を営むうえでの基盤となることから、税金面においても保護すべき要請が強いこと、特に配偶者の老後の生活を保障する観点からその贈与が行われていることなどの状況を配慮して設けられた制度です。

① 適用要件

・婚姻期間が20年以上の配偶者からの贈与であること、
・居住用不動産か、居住用不動産を取得するための金銭の贈与であること、
・贈与を受けた年の翌年の３月15日までに贈与を受けた居住用不動産を居住の用に供し、

または贈与を受けた金銭で居住用不動産を取得し、その後も引き続き居住する見込みである場合であること

②　適用回数の制限

この規定の適用は同じ配偶者からは一生に一回だけしか受けられません。

③　配偶者控除額

以下のいずれかのうち少ない金額

・２０００万円

・贈与により取得した居住用不動産の価額に相当する金額と、贈与により取得した金銭のうち居住用不動産の取得に充てられた金額との合計額

④　配偶者に対する相続税額の軽減制度（相続税法19条の2）との関連性

配偶者に対する相続税額の軽減制度（**配偶者の特別控除**）とは、被相続人の配偶者が、被相続人から相続（または遺贈）により財産を取得した場合に、配偶者の相続税額から一定の金額を控除することができる制度です。これは、配偶者の財産形成への寄与・配偶者の老後の生活保障といった、贈与税の配偶者控除の制度趣旨にも共通する観点のほか、配偶者が相続により取得する財産については、次に相続税が課せられる（**二次相続**という）

までの期間が通常は比較的短いであろうことが予想されること、などに対する政策的な配慮からも認められた制度です。制度のくわしい内容については、「(3) 配偶者の特別控除額」で説明していますが、「贈与税の配偶者控除」と「配偶者の特別控除額」の制度の利用にあたっては、財産の金額、夫婦のご年齢、将来の人生設計などを考慮して行うことが望ましいです。

(3) 配偶者の特別控除額（相続税法19条の2）

被相続人の配偶者が、被相続人から相続（または遺贈）によって財産を取得した場合、その配偶者が取得した財産にかかる相続税額から、次のいずれかのうち少ない割合を「相続税の総額」に乗じた額を控除することができるという制度です。

- 相続税の課税価格の合計額に占める、配偶者の法定相続分相当額（※）
（※）この金額が1億6000万円に満たないときは1億6000万円
- 相続税の課税価格の合計額に占める、配偶者の相続税の課税価格相当額

ちょっとわかりにくい表現になっていますが、簡単に説明しますと、たとえば配偶者が遺産を相続するときに、相続した遺産が、遺産総額の法定相続分以下か、1億6000万円以下であれば、その配偶者が納める相続税はないものとすることができます。

相続税の多寡のみで遺産分割の態様を決めるべきではありません。とはいえ、相続人や相続財産の相続の仕方によって各人における相続税の負担が変わることもありますので、相続税は遺産分割協議において重要な考慮要素の一つになります。

この制度だけを見る限りでは、相続税の節税のためには、「配偶者の特別控除」の制度を目一杯利用した遺産分割の態様が望ましいようにも思えますが、必ずしもそうではありません。たとえば高齢のご夫婦の一方が亡くなったとき、仮に遺された配偶者がこの特別控除制度を最大限に受けることができるように遺産分割を行ってこの相続の時（**一次相続**という）での相続税の支払総額を抑えることができたとしても、近い時期にその配偶者相続人自身が亡くなり、再び相続が起きることが予想されます。仮に二次相続被相続人が一次相続の時に多額の遺産を相続していたならば、そうでない場合と比べて、二次相続時に相続税の課税対象となる遺産は当然ですが、多額になってしまいます。課税対象金額が多くなればなるほど、より高い税率が課される方式である累進課税方式が採用される相続税においては、二次相続の時の相続税支払額も含めてトータルに考えて一次相続のタイミングで子や孫などへの相続・遺贈を進めていたほうが、結果として相続税を節税できていることも多くあります。

「節税対策」だけでなく、「納税対策」としての相続対策においても、納税までの期間、納税の引当となる財産の属性（たとえば、納税資金への換金性の高い金融資産などであるか）、不動産を処分して納税に充てるのであれば不動産地価の状況など、本制度の適用を受けることについて慎重に検討すべき事項はたくさんあります。

(4) 直系尊属から住宅取得等資金の贈与を受けた場合の贈与税の非課税

2015（平成27）年度税制改正により、父母や祖父母などの**直系尊属**から**住宅取得等資金の贈与**を受けた受贈者が、贈与を受けた年の翌年3月15日までに、その住宅取得等資金を自己の居住の用に供する一定の家屋の新築もしくは取得または一定の増改築等の対価に充てて新築もしくは取得または増改築等をし、その家屋を同日までに自己の居住の用に供したとき、または同日後遅滞なく自己の居住の用に供することが確実であると見込まれるときには、住宅取得等資金のうち一定金額について贈与税が**非課税**となる制度が2019（平成31）年6月30日まで延長される予定です。非課税となる額は、住宅用家屋の取得等に係る契約の締結時期やそのときの消費税率により異なりますので、くわしくは税理士等の専門家にご相談ください。

5章

相続と生命保険

「遺産分割対策」や「節税対策」そして「納税資金対策」など、相続対策のあらゆる場面で活用できる身近な金融商品が生命保険です。この章では相続で大きな役割をはたす生命保険の活用についてご紹介していきます。

5－1　遺産分割対策としての生命保険活用

5－1－1　生命保険金は受取人の固有の財産

生命保険金は相続税法上の**みなし相続財産**⑴として相続税の課税対象になりますが、本来の相続財産には含まれません。

たとえば、被相続人である父が、契約者・被保険者を自分（父）にして、死亡保険金受取人を長男に指定した保険に加入していた場合、死亡保険金は長男に全額支払われます。つまり、生命保険金は、長男の『固有の財産』となるため、仮に長男が相続放棄した場合でも、長男は確実に生命保険金を受け取れるのです。

このように財産を残したい特定の人に、残したい金額を確実に残せるのが生命保険なのです。

ここがポイント
生命保険金は受取人の固有の財産

(1)「みなし相続財産」とは、亡くなった日には、被相続人は財産として持っていなかったけれど、被相続人の死亡を原因として、相続人がもらえる財産のことをいいます。

5－1－2 早期に現金化できる生命保険

相続財産である銀行預金等は遺産分割協議が整わないと、預金が凍結された状態のためすぐには現金化できませんが、生命保険は受取人が手続するだけで、通常5日～1週間で保険金（現金）が受け取れます。

ここがポイント
生命保険金で早期に現金を準備することができる

5―1―3　代償分割金（代償金）としての生命保険の活用

遺産分割対策としての生命保険の活用として代償分割があります。

たとえば、母が自宅の土地建物を同居していた長男に継がせたいと考えたとします。長男の他に嫁に行った長女がいて、自宅のほかにめぼしい財産がなかった場合、生命保険を活用してこの**【代償分割】**を行います。

①母が『長男に自宅を相続させる』と遺言書を作成
②母が契約者・被保険者で長男が保険金受取人の形態で生命保険に加入
③相続が発生したときには、長男は生命保険金を受け取り、自宅を相続する代わりにその保険金を、代償金として長女に渡す
④長男の自宅相続登記も長女の同意で完了

ポイントは、受取人を長男にすることです。長女を保険金の受取人にすると、保険金は長女の固有財産となり、長女は保険金を受け取るだけでなく、さらに長男に対し遺留分の主張ができますので、トラブルの原因となってしまいます。

ここがポイント

代償分割や遺留分の対策として生命保険は有効

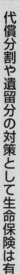

5－2　生命保険金と税金

5－2－1　生命保険金の非課税枠の活用

生命保険金は前述しましたように相続財産に含まれませんが、相続税法上は相続によって取得したものとみなされ、相続税の課税の対象となります。
ただし、生命保険金には相続人一人当たり500万円まで**非課税枠**があります。

500万円×法定相続人の数＝非課税となる金額（限度額）

たとえば、夫が亡くなり、妻と子ども2人の3名が相続人の場合、500万円×3人＝1500万円が非課税となります。死亡保険金を2000万円とすると、非課税分を引いた残り500万円が相続税の対象です。生命保険金は遺族の生活保障としての目的から国の政策上、全額課税せず非課税限度額があるのです。

ここがポイント

生命保険の非課税枠＝500万円×法定相続人数を活用しよう

コラム 死亡退職金も生命保険金と同じ扱い！

生命保険金と同様に死亡退職金・弔慰金もみなし相続財産として相続税の課税対象となります。

そして非課税枠として同様に500万円×法定相続人数が相続税の対象となりません。勤めている会社に退職金制度等の福利厚生を確認しておきたいですね。

図5-1　生命保険金の非課税枠の活用事例

（相続人は3名　妻・子ども2人の場合）

★遺産1億円に対してかかる相続税額

基礎控除額

3,000万円+(600万円×3名)＝4,800万円

課税の対象となる価格

1億円－4,800万円＝5,200万円

妻の課税額

(5,200万円×1/2)×15％－50万円＝340万円

子ども2人の課税額

(5,200万円×1/4)×15％－50万円＝130万円

合計相続税額＝630万円

★生命保険を活用した場合

生命保険の非課税額控除額

500万円×３名＝1,500万円

課税の対象となる価格

1億円－(500万円×３名)－4,800万円＝3,700万円

妻の課税額

(3,700万円×1/2)×15％－50万円＝227万5,000円

子ども2人の課税額

(3,700万円×1/4)×10％＝92万5,000円

合計相続税額＝412万5,000円

5－2－2 契約形態により異なる課税方式

同じ生命保険でも、契約形態により課税の方法（税金の種類）が異なります。まずは保険契約の基本形態を確認してみましょう。

保険契約の基本形態

契約者……保険契約を締結し契約上の権利と義務を有する人
被保険者……保険の対象となる人
保険金受取人……契約者が指定した保険金を受け取る人
保険料負担者……保険料を負担する人（通常は契約者＝保険料負担者）

図 5-2

保険金の課税の仕組み

	契約者（保険料負担者）	被保険者	保険金受取人	税金の種類
①	父	父	母	母に相続税
②	母	父	子	子に贈与税
③	子	父	子	子に所得税

このように、同じ生命保険でも契約形態により税金の種類が違ってきますので注意が必要です。たとえば、相続税の対象となる①の契約形態の生命保険契約で相続対策するケースでは、非課税枠（500万円×法定相続人）を活用できます。②の3者が異なる場合は贈与税がかかります。③の場合所得税の対象となります。相続財産が多い場合ケースによっては③の契約形態で相続対策したほうがよりメリットがある場合があります（詳細は次項をご参照ください）。

ここがポイント
生命保険の形態を確認してみよう

5-2-3 生前対策として納税資金確保のために保険料を贈与する

① 保険料贈与による相続対策

一般的に親の相続対策として子に現金を贈与することは、相続財産を減少させることから、相続税の節税対策としてよく利用されている方法です。ここでいう「**保険料贈与**」とは、その贈与によって取得した現金（子の現金）をもって子が契約者・受取人となり、親を被保険者として生命保険契約に加入することをいいます。

契約者……子　被保険者……親（父母）　受取人……子

② 一時所得課税としての効果

前記の保険契約の場合、親の死亡時の死亡保険金については、相続税ではなく、所得税

（**一時所得**）の対象となります。課税される相続税と比較して、一時所得課税のほうが有利であれば、節税効果もあり、また受取人の子の、相続税の納税資金として利用することができます。

もう一つの効果として、贈与した現金を、生命保険契約の保険料として将来の納税資金の準備に利用するため遊興費などに費消してしまう心配も回避できます。

〜一時所得の課税計算式〜

（受取保険金額－支払保険料－50万円）×1／2×税率（総合課税）

保険料贈与プランの一例

（1）現金贈与　父から子へ現金贈与　子が贈与税を支払う

（2）保険加入　父を被保険者、子を契約者および受取人として生命保険加入

（3）保険料支払　子から保険会社へ保険料支払

（4）父死亡時　保険会社から子へ保険金支払　子が一時所得課税

図 5-3

A）保険料贈与プラン、 B）相続税プランの比較

A）保険料贈与プラン形態　一時所得の契約

契約者	被保険者	死亡保険金受取人	課税
受贈者(相続人) 子	被相続人 父	受贈者(相続人) 子	一時所得

(保険料支払い後の相続財産に対する相続税額)+(毎年の贈与税額累計)
+(一時所得税＋住民税額)の合計税額

B）相続税プラン形態（一般的な形態）

契約者	被保険者	死亡保険金受取人	課税
被相続人 父	被相続人 父	相続人 子	相続税

(保険料支払い後の相続財産+非課税金額控除後の生命保険金)の
合計相続財産にかかってくる相続税額

①現金贈与時の贈与税と保険金受取り時の一時所得課税の税金
②予想される相続税額
①と②を比較し、相続税の税率以下で実行すること
（保険金額は、納税資金計画から検討する）

（贈与時の主な注意点）

1. 贈与を受ける人（受贈者）が贈与を受けたことを認識していること
2. 贈与契約書を作成すること
3. 税金が発生する場合は、贈与税の申告をすること
4. 贈与を受ける人は、自分名義の口座を開設すること
5. 生命保険料控除は、受贈者が受けること

ここがポイント

相続対策として「A保険料贈与プラン・B相続税プラン」のどちらが有効か事前に検討しておこう

5−3 納税資金対策としての活用法

5−3−1 相続発生後、早期に現金で受け取れる生命保険金のメリット

生命保険の**死亡保険金**は、契約上の保険金受取人が保険会社に所定の請求手続をするだけで、受取人の口座に振り込まれます。通常は保険金請求から入金まで、書類等に不備がなければ短期間（5日〜1週間程度）で受け取れるため、相続税の納付期限である相続開始後10ヶ月以内に十分間にあいます。

預貯金は、原則として相続人全員による遺産分割協議が必要なため、相続トラブル

図 5-4

死亡保険金受取りに通常必要な主な提出書類

①保険会社所定の請求書
②保険会社所定の様式による死亡証明書
③被保険者の死亡事実が記載された住民票
④死亡保険金受取人の戸籍謄本
⑤死亡保険金受取人の印鑑証明書
⑥最終の保険料払込みを証する書類
⑦保険証券

があった場合には、10ヶ月以内の換金が難しいこともあります（その場合には、相続人の自己資金で相続税を納税することになります）。

5－3－2　相続対策目的なら終身保険

相続対策で生命保険に加入する場合、一番のお勧めは**終身保険**です。相続発生時に既に生命保険の満期が過ぎていて、保険金が受け取れないのでは意味がありません。満期のある定期保険や養老保険では、一定の期間で保険期間が終了します。一方で終身保険は保険を解約しない限り一生涯保障が続きますので、相続対策に一番適しています。

今から保険を検討される場合は、年齢や健康状態によっては再加入できないケースもありますが、保険の種類によっては、簡単な告知で加入できる年金保険、既往症があっても加入できる**緩和型終身保険**などもあります。

ここがポイント

保険はどのタイプに加入しているか確認しておこう

図 5-5　保険の種類

名称	終身保険	定期保険	養老保険
図	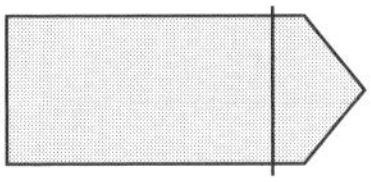 契約時　払込終了	 契約時　満了	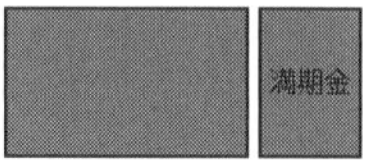 契約時　満了
特徴	保険料の払込みが終了しても、保障は一生続く。	一定期間だけ保障が続く。いわゆる「掛け捨て」。	一定期間保障が続き、満期が来た時には満期金を受け取ることができる。

5-3-3　まずは現状の契約内容を確認

実際に受け取れる保険金額や契約内容をきちんと把握することが重要です。

次の三つの確認が最低限必要です。

①保険金額の確認

死亡保険金額がいくらか？

②保険期間の確認

その死亡保険の保険期間はいつまでか？

③保険料の支払期間の確認

その保険を継続するために保険料はいつまで支払うのか？

ここがポイント

加入している生命保険の契約内容を確認しておこう

5－3－4　受取人は一保険（証券）につき一人を指定する

一つの保険契約に複数の保険金受取人を指定することもできますが、実際に保険会社から保険金が支払われる時は、受取人それぞれに支払われるのではなく、その複数の受取人の代表者の口座に一括して振り込まれます。相続トラブルがあると、さらに問題を大きくしてしまう原因となる可能性もあるため、**一保険**（証券）について、**保険金受取人は一人**を指定するのが良いでしょう（たとえば２０００万円の保険に、死亡受取人A子50％、B子50％で加入するよりも、１０００万円×２本でそれぞれ証券を分けて加入するのが望ましいでしょう）。

保険会社によっては、指定の○○％という比率で受取人ごとの口座にお支払いする会社もありますので、確認しましょう。また、受取人はいつでも変更することができます。

ここがポイント

受取人は一保険（証券）につき一人を指定

6章

HAPPY 相続をするために

6−1　相続対策はほとんどが生前でないとできないということを一人でも多くの人に知ってもらいたい

今回出版をするにあたって、相続アドバイザー協議会の講義を受けた23期のメンバーが集まって執筆を行いましたが、本を出版するにあたり最初に話し合った内容は、本の理念についてでした。

そこで出たのが「**HAPPY相続**」というキーワードだったのです。相続は、身内の者が亡くなるわけですから悲しいに決まっています。しかし、残された人間が相続をきっかけに争うことなく、協力をし合い今までと同様に仲良くHAPPYになってくれる人を一人でも増やしたい、そういう本にしたいという全員の思いが一致しました。相続アドバイザー養成講座を一緒に受けたメンバーですので、相続アドバイザーの「**守るものは家族の幸せ**」という理念を共有したメンバーの表現が、「HAPPY相続」という言葉に集約されていると思います。

相続の話は親の死が前提となるため、子どもから話しづらいものです。へたに切り出して「財産目当てか？」「おまえは俺が死ぬのを待っているのか？」などと思われてしまうと思うと、子どもからは切り出しづらいものです。しかし、相続対策は生前でなければできないことのほうが多いのです。

そこで私たちは、この本を読んで、相続を考えたり、家族で話し合うきっかけにしてもらいたいという思いで執筆することにしました。「子どもから親にプレゼントしてもらえるような本をつくろう」、今まで相続なんてどうにかなると思っていた両親に「相続争いはどこにでも起きる可能性があるんだ」ということに気づいてもらうきっかけにしてほしい、これらが私たちの理想です。

相続はとても大切なことなのですが、相続が発生してからできることというのは、限りがあります。

相続が起きる前であれば、いろいろな相続対策をすることができるということを一人でも多くの人に知ってもらいたいという思いで今回の出版に至りました。

6－2 相続争いが起きてしまう理由は家族間のコミュニケーション不足

対策を練らずに行き当たりばったり、「兄弟仲が良いから、彼らが話し合って決めれば良い」……これでうまくいけば良いのですが、そうはいかないケースが多く、何も相続対策を講じていないことが一番のトラブルの元なのです。

相続対策を行ううえで大切なのが、親が子どもを公平に処遇する道筋をつくってやることです。

「公平」は「平等」とは違います。お年玉は大学生は1万円、小学生は２０００円というように、年相応に入っています。相続の場合、時には均等に遺産を分けることが、うまくできないケースもあります。たとえば、（一人が事業をしている時など）大きな財産がからみますから、とてもデリケートな問題です。ささいなことで親子関係や兄弟関係がぎくしゃくし、もめごとに発展することもあります。

このすき間を埋めるのは「遺言」しかありません。生前に親子全員で「遺産分割」について話し合い、何が公平かを認識し「遺言書」を作成しておくことが大切であり、親の義務と考えます。

そして、秘密をつくらないということも大切です。

どのように遺産を分割するかを話し合っているときに、実は長男の知らないところで二男に、大きなお金を贈与していたということが発覚したら、もめごとの火種になります。ですから、相続対策は、子どものことを信じて、子どもに自分のことを包み隠さず話すこと、協力して相続を考えることが不可欠といえます。

相続が発生する前は仲が良かった兄弟が、相続発生後もめてしまう、こんな悲しいことはありません。でもこれは他人ごとではありません。そしてこれは、財産が多い少ないは関係ありません。

親の財産をもらえるのは当たり前、とお金に目がくらんでしまい、兄弟の関係をこわしてしまう相続人が何と多いことでしょうか。相続は心の問題、人はお金だけでは幸せにはなれません。本当の幸せは、家族が仲良く、何かあれば協力し合い助け合う、人と人のつながりにあるのではないでしょうか?

6−3 相続でもめないために、具体的にどのような準備をすれば良いのか？

まず、相続に関するトラブルを未然に回避するためには現状把握をすることがとても大切です。現状把握をしなければ、相続に対してどのような対策を練るのが効果的か、考えることはできません。次ページの遺産目録や、巻末のエンディングノートを参考にしてください。相続でもめないためには、まず「財産目録」または「エンディングノート」をつくることをお勧めします。そうすることで、自分の財産がどのくらいあるかを把握することが簡単になります。

図6-1

◎相続財産のリスト（財産目録）◎

年　月　日現在　（単位：円）

不動産関係

	所在（場所）		用途	地番	地目	地積	評価額
土地			自宅				
土地							
	所在（場所）	貸主名	用途	地番	地目	地積	評価額
借地権			店舗				
	所在（場所）		用途	部屋番号	種類	床面積	評価額
建物			自宅				
建物			店舗				

預金関係

	金融機関名	支店名	口座番号	預金日	満期日	金額
普通預金						
定期預金						

有価証券関係

	銘柄	株数／口数	証券会社／銀行名	特定口座／一般口座	現在の価格（時価）
株式					
国債					
投資信託					
社債					

債権関係

	貸付先名　住所	ＴＥＬ	貸付日	返済期日	残高
貸付金					

その他

	項目	備考	現在の価格（時価）

生命保険関係

	保険会社名	証券番号	契約者	被保険者	受取人	保険期間	保険金額
生命保険							
個人年金							
遺産　総合計							

債務関係

	借入金等	借入日	借入利率	返済日	備考	残高
借入金						
債務　合計						

差引　正味財産	

6-4 相続人は相続が発生してから10ヶ月で相続税を払わなければならない

これは長いようで非常に短いです。悲しみに浸る暇もなく、相続人には多くの問題が押し寄せます。

そして、10ヶ月以内に相続人の間で遺産分割が決まらないと、①配偶者の税額控除、②小規模宅地等の評価減、③農地等の納税の猶予、④事業承継に伴う納税猶予、この4つの制度が使えません。これは非常に大きな問題です。兄弟など家族がもめてしまい、遺産分割が決まっていないとこの制度が使えない状態での相続税額を支払わなければならなくなります。

時間がないなかで、限られた情報しかないところから親の不動産のことや、保険のことなど故人の遺産目録をつくることは、非常に大変な作業なのです。

6−5 大まかにいくらぐらい相続税がかかるのかを知る

財産目録をつくることで、遺産の把握がスムーズになります。そして次にやらなければならないことは大まかな相続財産を知ることです。

2013（平成25）年税制改正により、2012（平成24）年までは相続税がかからなかったケースでも、基礎控除額が下がったことで、相続税が発生するケースが増えてきました。

また、現時点での相続税の額を計算しても、今すぐ相続が発生するわけではありませんが、大まかな計算をお勧めします。計算方法については4章の「4−1−2　相続税の計算」を参照して計算いただきたいと思います。また、4章では基本的な計算方法のみ紹介していますから、それ以上に複雑な場合は税理士の先生にお願いして、今の段階では大まかな相続税を把握しておくことをお勧めします。

そして、その相続税を払える現金があれば良いのですが、ない場合は、どうやって相続税を払うかまで考えておく必要があります。不動産がたくさんあり、現金がほとんどない場合は、相続税を払うために不動産の一部を売却しなければなりません。そうなると、どの不動産を売れば相続税を払えるのかまで考える必要があるのです。

ここで注意しなければならないポイントとして、不動産には売れないものや売りにくいものもありますので、不動産業者に確認してください。

そして、その土地の境界を確定させることをお勧めします。なぜなら境界確定されなければ、業者などに土地を売却できない可能性があるからです（「2章Ｃａｓｅ4　次世代に苦労を残さないための境界確定測量の重要性」参照）。

6-6 誰に何を残すか考える

また、仮に自分で「財産目録」をつくっても明日相続が発生するわけではありません。まずは、財産を持つ者そして残された配偶者の今後のライフプランと、そのために必要な資金について考えることも親の大事な責任といえます。

さらに、親は「老後の生活費はどうするか?」「どこでだれと暮らすのか?」「病気や介護状態になったらだれの手を借りるのか?」「そのためにお金はどのくらい必要なのか?」についてもきちんと考えておかなければなりません。

それを考えたうえで、現金がない場合は、相続税を払うために売却する不動産をのぞいて、はじめて残りの財産・不動産を誰に残すかを考える段階になるのです。

たとえば、兄弟が二人いて、財産が自宅の場合は、相続税を現金で払うことができるのか? そのうえで、兄に家を残すとすると、弟に家の代わりに残せる現金をいくら用意できるか? (代償分割)まで考える必要があります。

6-7 遺言書をつくる

なぜ遺言書が必要か?

「自分が死んだ後は兄弟でうまく話し合って決めてくれるだろう」

これが一番紛争の種となるのです。

たとえば二人兄弟で、長男が長年両親と同居して介護を引き受け親を看取っており、長女である妹が、東京に出て行って結婚して何不自由なく暮らし、実家のことを何もしていない場合、長男は長女に比べて老人の介護という大変な苦労をしています。親を看取った長男が、お嫁に行った長女より財産を多くもらいたいと思うでしょう。一般的に、この考えが普通だと考えるのが自然だと思います。この場合には「寄与分」というものが問題になり得るのですが、通常の範囲内で親の介護をしたいときには、なかなか寄与分は認められないというのが実情なのです。

一方長女は、「兄さんは親と一緒に住んで介護もして苦労させたけど。法律では相続分は均等分とあるのだから、現金がないなら自宅を売って現金にしてでも均等分に分けるべきだ」と、思ってもいない主張をしてくるかもしれません。

一般的に考えると、ちょっと欲張りすぎかもしれませんが、そこで仮に裁判をしたとき、通常の範囲で親の介護をしたときには寄与分は認められないことがほとんどですから、長女は何もしなくても財産の半分を手に入れることができる可能性が高いのです。

「実家を売って現金を半分よこせ」と言われたら、それは長男からみたら納得いかないでしょう。しかしこれが現実であり、相続の問題点の一つです。ここに禍根を残す原因があるのです。相続争いをする方が口をそろえて言うことは「子どものころは仲が良かったのに」というものです。

そして裁判ざたになれば、兄弟関係は崩壊し死ぬまで口をきくこともないかもしれません。

相続人が亡くなった後に兄弟で話し合うとそれぞれの思いでまとまらず、それが原因で人間関係がこわれてしまうことはよくあります。

それをふせぐのが遺言書になります。被相続人が自分の財産をどう処分するか、法律ではなく自分の意思で決めるのです。遺言書があればなんでも良いということではありません。「心のこもった、もめない遺言書」が必要なのです。心のこもった遺言書があることで、相続争いの多くを回避することができるのです。

遺言書に心をこめるために、「付言」を書くことをお勧めします。なぜこのように財産を分ける遺言書を残したか、どのような思いで分けたのかを記すもので、子どもも親の気持ちがわかれば、不満があったとしても納得するのではないでしょうか。

ただし、遺言書ですべて思いどおりになるわけではありません。それぞれの被相続人には、最低限相続分の半分まで請求することでもらうことができる遺留分という権利があるわけですから、遺留分を無視した遺言書をつくっても、遺留分を持っている権利者から「遺留分減殺請求書」を出されてもめる場合もあり、遺留分も考えたうえで遺産の分配を考えなければなりません。

また、遺産の一部についてしか遺言書に記載がないときは、記載のない財産についてもめる可能性もありますし、遺言書作成時期の遺言者の意思能力などを理由に遺言無効の訴えを提起されることもありますので、遺言書の作成については、弁護士や公証人といった専門家にご確認してください。

そして、せっかく遺言書を書いても、相続発生後は遺言を書いた本人はこの世にいないわけですから、遺言書が発見されなかったらまったく意味がありません。遺言書がどこに

図6-2

	メリット	デメリット
自筆証書遺言	・費用がほとんどかからない ・秘密裡に作成できる ・気軽に作成できる	・要式を満たさず無効となるおそれがある ・遺言書の改ざん、破棄、隠匿の可能性がある ・遺言書が発見されないおそれがある ・家庭裁判所での検認手続が必要である
公正証書遺言	・要式の不備により無効となることはほとんどない ・紛失や偽造、変造の心配がない ・家庭裁判所での検認手続が不要である	・作成に費用や時間がかかる ・証人に遺言の内容を知られてしまう
秘密証書遺言	・他人に遺言の内容が知られない ・文面をワープロで作成したり、他人が代筆したりして作成することができる	・遺言の内容を公証人が確認していないため無効となる可能性がある ・費用がかかる ・証人に遺言の存在を知られてしまう ・家庭裁判所での検認手続が必要である

あるのか、保管場所を生前信頼できる人に知らせておくことが重要です。

① 遺言の種類

遺言には、「**自筆証書遺言**」「**公正証書遺言**」「**秘密証書遺言**」があります。

くわしくは図を参照してください。

ここがポイント

遺言の方式は、一定の要式を備えていることが条件となっており、それ以外の方式による遺言の効力は認められていない

② 今日にでも作成できる自筆証書遺言！

自筆証書遺言は、次のような手順で

書くことになります。遺言書の全文と日付と氏名を遺言者が自分で書き、これに押印します。このとき、ワープロを使用してはいけませんし、ビデオで録画しても遺言としては取り扱われません。日付の記載のないもの、一部を他人が書いたものは無効となります。

印鑑は実印である必要はなく、認め印でも構いません。一度作成した自筆証書遺言を訂正する場合には、訂正する部分に押印をしてどのように変更したかを付記して、付記したところにも署名しなければなりません。訂正はこのように面倒な手続が必要なので、どうしても訂正しなければならないのなら新しい遺言を書いたほうが良いでしょう。

また、夫婦が一緒に遺言を作成しようとしても、共同して遺言することは禁じられていますので、どんなに仲の良い夫婦でも、遺言だけは別々の用紙に書かなければなりません。

自筆証書遺言は、民法で厳格な方式が定められているにもかかわらず、法律家の関与がなくても作成できるため、遺言を書いたもののそれに不備があり後日争いが生じることがよくあります。遺言の内容にしても、遺言の書き方によっては、相続の登記ができなくなったりすることもあるのです。

遺言作成時には本人の意思能力（自分が何をしているのかきちんと判断できるだけの精神能力）を必要とすることも忘れてはいけません。

図6-3

遺言書（例）

遺言者甲野太郎は、次のとおり遺言する。
1　不動産は、すべて妻甲野花子に相続させる。
2　現金、預貯金は、すべて長男甲野一郎に相続させる。
3　その他の財産は、すべて長女甲野幸子に相続させる。
4　祭祀を主宰する者として、長男甲野一郎を指定する。
平成●年●月●日
東京都●●区●●町●丁目●番●号　遺言者　甲野太郎　印

その他に、遺言はしっかり保管しておく必要があります。遺言者がせっかく遺言を残しても、遺言書が死亡後に発見されなかったり、発見されても遺言内容が書き換えられたり、場合によっては破り捨てられたりしたのでは、せっかく遺言を書き残した意味がありません。遺言書は、遺言者の死後、見つけやすく、その生前は、秘密にしておける場所に保管しておきたいものです。それには、公正中立な第三者的立場にある者で、遺言書などの保管になじむ弁護士や信用できる友人・知人に預けるか、銀行の貸金庫に保管しておくと良いでしょう。

このように、自筆証書遺言の作成や保管には細心の注意を払わなければなりません。

ここがポイント

自筆証書遺言を作成するときに、遺言書の全文および日付を自署し、署名・押印しなければ無効となることをまずはおさえておこう

③ 紛争防止のためには公正証書遺言の作成を！

先に説明したように、自筆証書遺言により遺言を自分で書くことはできますが、要式を満たさないとして無効となったり、相続人間で後に争いになったりするケースが多いことに留意する必要があります。

そこで、安全確実に自分の意思を相続に反映させるため、公証人に公正証書遺言を作成してもらうことをお勧めします。

作成にあたってはいろいろ準備しなければなりません。必要書類としては、遺言する人の印鑑証明書と実印、遺産をもらう人の戸籍謄本、住民票などがあげられますが、これらは、遺産をもらう人が相続人かどうかでそろえる書類の種類が異なります。また、遺産の中に不動産があるときは、登記簿謄本と固定資産評価証明書が必要となります。

この他に、証人2名を用意することも必要です。そのとき、未成年者や成年被後見人、推定相続人などの遺言者と深いかかわりのある人は証人にはなれませんので、注意が必要です。

公正証書遺言を作成するときには、公証人に所定の手数料がかかります。このようにして作成された公正証書遺言は、公証人が遺言をする人の真意を確認して作成した遺言であるため、後日争いになることが自筆証書遺言と比べて少ないでしょう。しかも、公正証書の原本は公証役場で保管されますので、遺言書がなくなったり変造されたりすることはほとんどありません。

このように、メリットの多い公正証書遺言ですが、自筆証書遺言など他の方式によって作成された遺言よりも法律的に強い効果を与えられているわけではありません。公正証書遺言の後に新しい自筆証書遺言が作成され、その内容が違う場合は、新しい遺言のほうが優先することになります。

ここがポイント

安全確実に自分の意思を相続に反映させるため、公証人に公正証書遺言を作成してもらおう

6－8　生前贈与で相続税対策を

たとえば、相続税を少なくするために、生きているうちに財産を子どもに与えるという方法があります。生前贈与には親が子どもに資産を贈与するので、贈与税という税金がかかります。贈与税は6億円を超えると最大55％という非常に高い税金ですが、最大一人当たり年間110万円までは基礎控除が認められています。

つまり、一人につき110万円まで子どもに財産をあげても税金がかからないのです。また、子どもだけでなく孫にあげることもできます。たとえば、妻と子どもが三人いれば、毎年基礎控除の範囲内で440万円を贈与することができます。毎年贈与できますから、10年で4400万円です。

ただし、財産をあげる人ともらう人のお互いの合意があって初めて贈与契約が成立しますので、よくあるのですが、子ども名義の通帳をつくってお母さんが毎月その口座に資金を移している場合には、子どもがこのことを知らなければ贈与したことになりません。これを「名義預金」（名義だけ子ども名義だが、実際にお互いの合意がないために贈与が完了していない預金）といい、相続税の税務調査でたびたび問題になります。

そこで名義預金と指摘されないように対策が必要です。

贈与契約書をつくって、親と子どもで署名押印することや、預金通帳を贈与を受けた子どもが管理するなどです。

もっと明確にするためには、基礎控除額を超える111万円贈与して、贈与の申告をするという方法もあります。

111万円－110万円（基礎控除）＝1万円

1万円×贈与税10％で1000円の納税が必要になります。

つまり、1000円の納税をすることで税務署に「贈与がありました」という証拠を残せるのです。

孫への教育資金のための贈与は、1500万円までは非課税という時限立法があります。

仮に子どもが幼児であっても期限内に贈与しておけば、子どもや孫に喜ばれ、しかも相続財産を減らすことができるのです。ただし、生前贈与については、相続税や遺産分割協議に影響を及ぼす場合がありますので、ご注意ください。

6−9 遺言書は状況が変わったら見直す必要あり

相続対策の悩ましいところは、いつ死ぬかわからないということです。生きる年数によって必要となる生活費も違いますし、突発的に大きなお金が必要になり、持っている不動産を売らなければならなくなる場合や、ときには、相続して財産を渡そうと思っていたのに事故で先に子どもが亡くなってしまう場合など、いろいろな事態が考えられます。

しかし、そんな事態もそれほど気にする必要はありません。遺言書は何度でも書き直すことができます。遺言書は、必ず作成した日にちを書かなければならないことになっており、遺言書の形式を問わず一番新しい遺言書が効力を持つことになっているからです。ですので、「将来どうなるかわからないので遺言書はいつ書いていいのかわからない」ではなく、「将来変わったら書き直せば良いから、まず書く」というのが正解です。

ただし、公正証書遺言の場合、公証役場に行って書き直すと、毎回費用がかかってしまうのが難点です。

6－10 家族信託でHAPPY相続

2007年9月に改正信託法が施行され、円満な資産管理・承継を実現する仕組みとして家族信託が生まれた背景について、考えてみましょう。近年、医療技術のますますの発展と、良質な薬が世の中に生まれてきたことにより、少子高齢化社会におけるリスクが広がっております。一つは、平均寿命と健康寿命の差が拡大していることです。もう一つは認知症が増大していることです。

6－10－1 認知症1000万人時代のリスク

2015年1月に厚生労働省が発表した「新オレンジプラン」によると、2012年の認知症と認定された65歳以上の高齢者は、462万人とされています。各年齢の認知症有病率が一定の場合、東京オリンピックが開催される2020年には、602万人で65歳以上の高齢者の17・2%と予想されています。2030年には744万人で20・8%（約5人にひとり）、2060年には850万人で25・3%（約4人に1人）が認知症という試算

図 6-4

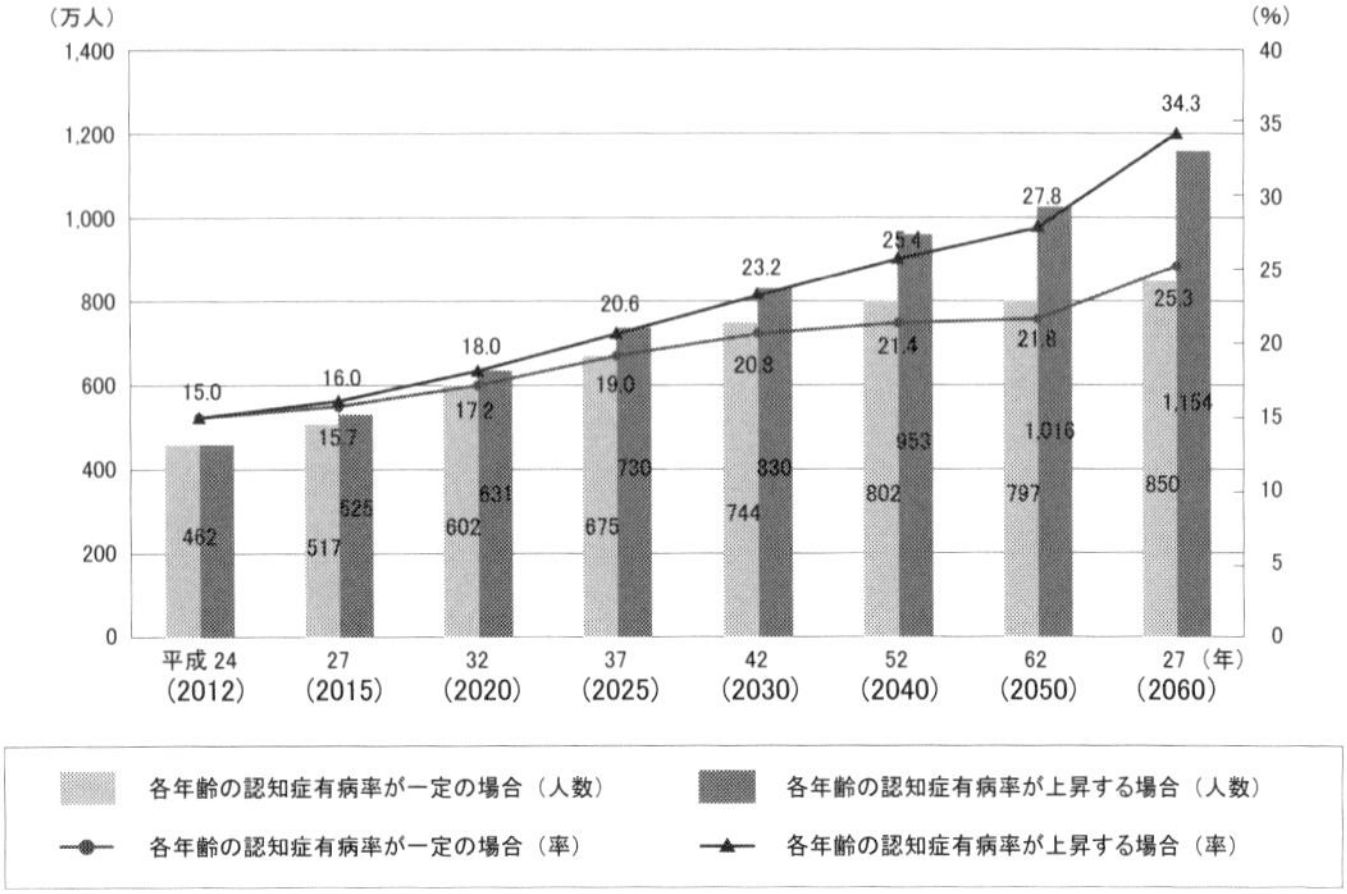

が発表されています。また、各年齢の認知症有病率が上昇する場合はさらに悪く、２０２５年には７３０万人で20・6％（約５人に１人）、２０４０年には９５３万人で25・4％（約４人に１人）、２０６０年には１１５４万人で34・％（約３人に１人）が認知症という試算が発表されています。

6-10-2 認知症になるとできなくなること

認知症になると、効果的な生前対策ができなくなるといわれています。実際、認知症になるとどのようなことができなくなるか、具体的にみてみましょう。

- 不動産の建設・売却・賃貸借・修繕
- 預金口座の解約・引出し
- 生前贈与
- 遺言書作成
- 生命保険加入
- 養子縁組
- 遺産分割協議への参加
- 議決権行使・自社株譲渡　など

6-10-3 成年後見人制度の注意点

認知症になり本人の意思確認ができなくなると、成年後見人制度を利用するという選択肢しか残されなくなります。しかし、成年後見人制度は認知症になってしまった本人の財産を守ることを基本とする制度であるため、多くの制限があります。また、後見人となる家族の負担も大きく、一定額を超える不動産などの資産があると、司法書士などの専門家へ後見人を依頼する必要があるため、経済的な負担もあり、利用をためらう方も多くおります。融資を受けるために金融機関から勧められて一度成年後見制度を利用した場合、その後も利用する必要があり、経済的な負担が長期に渡ってしまうことは意外と知られていません。

6-10-4 家族信託とは

そこで新しい財産管理の手段として、家族信託は登場しました。「家族信託」とは、ひと言でいうと『財産管理の一手法』です。資産を持つ方が、特定の目的（たとえば「自分の老後の生活・介護等に必要な資金の管理および給付」等）にしたがって、その保有する不動産・預貯金等の資産を信頼できる家族に託し、その管理・処分を任せる仕組みです。言うなれば、「家族の家族による家族のための信託（財産管理）」といえます。元気なうちに家族信託を利用することで、資産の凍結などを防ぐことが可能となります。被相続人が家族や親族に遺産の管理を託すため、高額な報酬は発生しないのが特徴であり、資産家の方を対象にしたものではなく、気軽に利用できる仕組みともいえます。

6-10-5 家族信託の仕組み

家族信託の主な登場人物は3名あり、委託者と受託者、そして受益者です。まず委託者は、財産を持っており、財産の管理や処分を家族に任せたいと思っている人（たとえば、高齢の祖父母や父母）です。次に受託者は、委託者が信じて託し、実際に財産の管理や処分を担当する人（たとえば、子どもや親族）です。最後に受益者は、受託者に管理を託した財産から経済的な利益を受け取る人（たとえば、高齢の祖父母や父母）です。

家族信託は選択肢の一つです。家族信託でなければ解決できないこともあるかもしれま

図 6-5

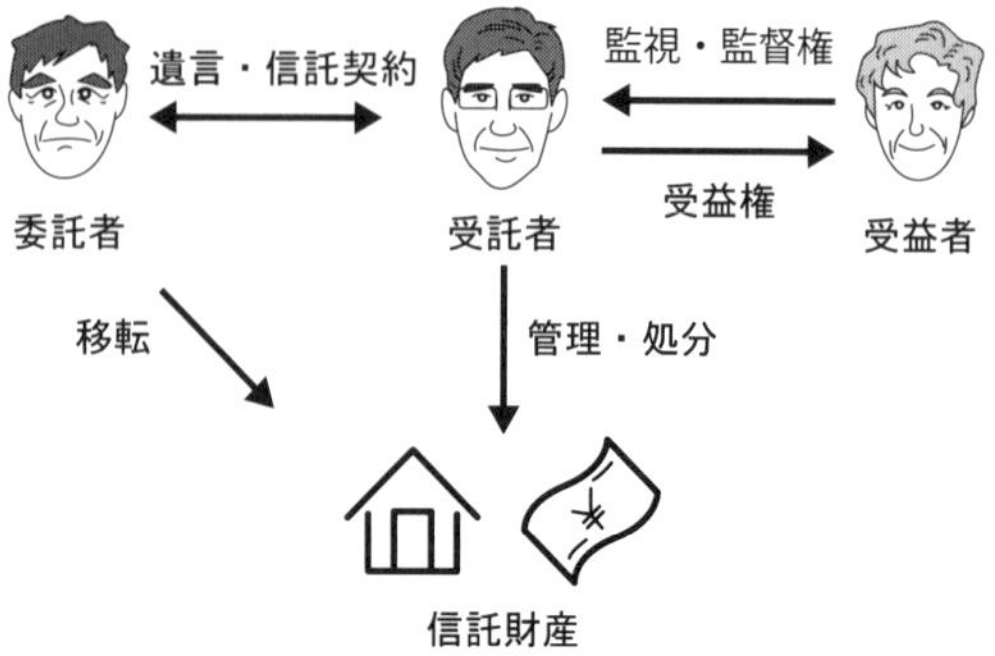

せん。まだまだ歴史の浅い制度であり、専門家と相談しながら慎重にご検討していただきたいと思います。

6－11 信頼できる専門家をどうやって探すか？

専門家を選ぶときでも、普通に商品を買ったりサービスを受けたりするのと基本的には同じなのですが、最も違うのは、たとえば医師であれば、内科、外科、小児科など、得意分野がわかりやすいのですが、弁護士、税理士等の専門家は専門分野がはっきりとわかりません。今まで会社の経理をお願いしていた税理士に相続のこともお願いすると、それはもしかすると非常に危険なことかもしれません。税理士だからといって全ての税理士が相続税を得意としていると考えるのは早計です。

そして、10ヶ月という非常に短い期間で葬儀だけでなく、現金を確保するために所有している土地の審査・不動産売却活動・不動産契約決済・遺産分割・相続税申告・納税といったやるべきことはたくさんありますが、時間はありません。それらをしながら適切な専門家を見分けて依頼するのは至難の業です。

そこで、短期間で相続を得意分野とする専門家を探す方法を三つ掲げておきます。

1 複数の人に会う

2　専門分野＋経験＋人脈ネットワーク
3　人間力

6−11−1　まず複数の人に会う

インターネットや紹介など何らかの手段で探すか、電話やメールでは適切な専門家かどうかを見分けることが困難なので、まず会ってみることをお勧めします。

6−11−2　専門分野＋経験＋人脈ネットワーク

専門分野＋経験があることは当然必要です。いつも新しい知識を求めて勉強している人というのが条件でしょう。相続の場合、ほとんどのケースは複数のスペシャリストでタッグを組む必要があります。常に勉強をしているスペシャリストには、同じように勉強しているスペシャリストのネットワークがあります。人脈があるかないかで相続の結果は変わることが多々あります。

専門分野違いで自分だけでは判断が難しいとき、この人のところに相談すれば適切な判断ができるという信頼関係は、お互いに情報交換をしていなければ絶対にできません。

専門家の人脈ネットワークを有する専門家に相談することをしないで正しい専門家を見つけることはかなり難しいといえるでしょう。

6-11-3 人間力

相続に関しては、「人柄」「相性」もかなり重要なポイントです。

専門家である以上、専門知識や経験の量も大切なのですが、どんなに優秀な専門家も、「自分と相性が良くない」と感じたときは早めに別の専門家に依頼することをお勧めします。

なぜならば、「相続」について相談する場合、自分や家族が抱えるプライベートな問題やお金のことを最終的にはほとんどその専門家に話すことになるわけですから、自分なりに「この先生は信頼できる」「この先生にならばすべてを話せる」という専門家に依頼することが一番大切かもしれません。

信頼できる専門家に出会えることも縁なのかもしれません。

この本が少しでも多くの皆さんのお役に立てることを心から願っています。

相続について相続人が何かに迷っているとき、私たちは「自分に損なほうを選びましょう」とアドバイスすることがあります。

相続で欲望を通し争った人は幸せになれないことが少なくありません。相続争いに勝っても負けても、結果として不幸になってしまっては元も子もありません。

相続問題は法律だけではうまく解決することはできません。相続アドバイザーは、相続人の幸せを守る実務家です。

6－12 執筆者の想い

今回この本を執筆した相続アドバイザー協議会の23期の養成講座を受講したメンバーは、20回の講義が終わった後も、毎月1回自主的に集まって勉強会をしていました。これは、過去の期生ではあまりなかったと聞いていましたが、そのなかで講義を踏まえて相続をテーマにした本を出版しようという話になりました。それからは、原稿を書いたり、編集したりと、ときには意見の対立することもありましたが、無事出版のはこびとなりました。そもそもチームワークがなければ、本を出すなんて話は出なかったでしょうし、さまざまな困難を乗り越えることもできなかったでしょう。

NPO法人相続アドバイザー（SA）協議会の芳賀則人前理事長は、SA協議会のメンバーについて、次のように語っています。

「私は常に心がけていることがあります。いつも謙虚であり続けること。感謝を忘れないこと。不正義は許さないこと、です。自分一人の力は、たかがしれています。しかし思いを同じくする多くの仲間たちと一緒であれば多少の困難は乗り切れます。そんな良き仲間と出会えたことに改めてありがとうございますと言いたいのです」

私たちも同じ気持ちです。

このような機会を与えていただき、本当にありがとうございます。

さて、本書を発刊するにあたっては、多くの皆様の協力をいただきました。多忙のなか推薦文を引き受けて下さった相続アドバイザー協議会の平井利明理事長と野口賢次相談役、相続アドバイザー養成講座のなかで指導して下さった講師の先生方、今回の出版に協力して下さったプラチナ出版株式会社の今井修社長に心から感謝の意を申し上げます。

今後も「ＨＡＰＰＹ相続」を増やしていきたいと思っています。

おわりに

今や相続情報は、インターネットにより簡単に入ります。そして、自分に都合の良い知識ばかりが頭のなかに残ります。

団塊の世代の相続も始まり、相続人の年代層も変化し、相続に対する権利意識は増してくる一方です。

相続人から最初に出てくる言葉は「法定相続」です。特別受益、寄与分、遺留分などの法律用語も、当たり前のように出てくる時代となりました。

高齢社会で相続が開始すれば、被相続人の配偶者も高齢です。認知症を発症している可能性もあります。また、相続人の一人が行方不明である、精神的障害を持っている相続人がいる、被相続人が大きな借金や連帯保証をしているなど、近年の相続事情は複雑で多様化し、一部の専門家だけではとても対応できません。

本書の特長は、第23期相続アドバイザー（SA）養成講座でともに学び志を同じくしたSA協議会会員が執筆したところにあります。

法律や税金だけでなく、不動産、測量、生命保険、FPなど、相続実務には欠かすことのできない、あらゆる分野の専門家が事例を交え、相続全体を横断的に解りやすく解説しています。

また、執筆者全員が「ＨＡＰＰＹ相続」を共通の課題と認識し、執筆したところにも大きな意義があると思います。

これから相続をむかえる人、いま相続問題で悩んでいる人、相続のアドバイスをする人、誰が読んでも読みやすく理解でき、すぐに役立つことでしょう。数多く出ている相続本のなかでも、貴重な一冊です。

世は高齢社会となり、相続や相続相談は増え続けています。本書を執筆した18名のＳＡ会員の皆様に敬意を表するとともに、この出版を機に、さらに技術と心を磨き、人間力を高め、資格に人格をそなえた相続の実務家として、相続を争ってしまい不孝になる人を少しでも減らし、一人でも多くの相続人をＨＡＰＰＹ相続へと導いてくださることを願っています。

ＮＰＯ法人　相続アドバイザー協議会
相談役　野口　賢次

執筆者紹介

阿部 龍治（あべ りゅうじ）

1964年　神奈川県横須賀市生まれ。

1990年、神奈川大学大学院工学研究科修士課程修了。

大手外資系IT企業での勤務を経て、株式会社ダク・エンタープライズに入社。現在、同社代表取締役。

ほかに株式会社首都圏 ビルマネジメント 代表も務める。

事業用不動産を中心に貸主、借主双方に総合的なコンサルティングサービスを提供し、その専門的な知識やノウハウには定評がある。不動産コンサルティング技能資格者、宅地建物取引主任者、ビル経営管理士、賃貸不動産経営管理士、相続アドバイザー協議会認定会員、相続知識検定3級、家族信託コーディネーター、工学修士など、不動産関連を中心に77以上の資格を保有する（生涯目標100資格）。

株式会社ダク・エンタープライズ/株式会社首都圏ビルマネジメント
〒105-0004　東京都港区新橋3-26-3　会計ビル（JR新橋駅前）
TEL：03-3574-9651　URL：http://www.daku.co.jp

新井 明子（あらい あきこ）

兵庫県神戸市出身。

明治学院大学法学部卒業後、国内、外資系生保勤務を経て2010年生命保険損害保険の乗合代理店、株式会社ライフ・アテンダントを設立。

個人、法人保険のコンサルティングセ－ルスとして多くの相談業務に携わる。またファイナンシャルプランナーとして女性のためのマネーセミナーや確定拠出年金（401K）セミナーなどにも定評がある。AFP、2級ファイナンシャルプランナー、DCプランナー、2018年度MDRT成績資格会員。

株式会社ライフ・アテンダント
〒105-0004　東京都港区新橋1-17-1　内田ビル8F
TEL：03-6450-1378　Fax：03-6450-1368
URL：http;//lifeattendant.net
FB：http://www.facebook.com/hoken.La

井上 嵩久（いのうえ たかひさ）

1982年　埼玉県越谷市生まれ。

大学卒業後、都内の不動産会社で売買仲介を6年経験。その後、賃貸管理・賃貸仲介を主軸とした会社へ転職、半年で店長へ昇任。1年で退社し2011年9月に㈱アイホームコンサルティングを立ち上げる。現在は、地元越谷を中心に大家さん向けの勉強会（越谷大家塾）や、地元の専門家を集めてあらゆる相談に対応できる専門家チーム（相続対策専門店）を結成し、相談にのっている。

不動産コンサルティングマスター、賃貸経営コンサルティングマスター、2級ファイナンシャル・プランニング技能士、宅地建物取引主任者。『空室対策のすごい技』共著者

株式会社アイホームコンサルティング
〒343-0843　埼玉県越谷市蒲生茜町19-1
TEL：048-999-6252　Mail：takahisa.inoue@i-home-consulting.jp
ブログ：http://ameblo.jp/i-home-consulting/
URL：http://i-home-consulting.com/

岩見 文吾（いわみ ぶんご）

1978年　兵庫県神戸市生まれ。
関西学院大学商学部卒
公認会計士、税理士、ファイナンシャル・プランナー CFP®）
2005年あずさ監査法人に入社。上場会社の財務諸表監査･内部統制監査、IPO準備会社の株式上場支援業務やデューデリジェンス業務等に従事。その後、事業再生、組織再編、事業承継等の資産税を中心とする税務及びコンサルティング業務の業務経験を積み、2013年に相続･事業承継に特化した「いわみ会計事務所」を開業。

いわみ会計事務所
〒260-0045　千葉県千葉市中央区弁天4-10-3
TEL：043-306-2306　URL：http://iwami-kaikei.com

木村 太祐（きむら だいすけ）

1976年　東京都武蔵野市吉祥寺出身。

大学卒業後、独立系大手不動産開発・ファンド会社に10年間勤務し、アセットマネジメント事業部にて、開発用地仕入を含むアクイジション業務全般、企画立案から出口売却業務と多岐に渡る業務に従事した後、富裕層の収益不動産投資運用コンサルティングセクションの統括責任者として貢献する。その後、東京海上グループの企業にて5年間勤務し、入社以来一貫して、地主等の相続対策・中小企業オーナーの事業承継対策コンサルティング業務を推進する。現在独立起業し、年間100案件以上の相続対策相談・コンサルティングサービス、不動産コンサルティング業務に従事し、相続の諸問題をサポートしている。

株式会社匠アセットマネジメント　TEL：03-6459-0231
株式会社クリエイティブフィールド　TEL：03-6450-5930
〒105-0004　東京都港区新橋6-20-8

児山 秀幸（こやま ひでゆき）

1964年　東京都新宿区生まれ。

千葉大学法経学部法学科卒業。 大手司法書士事務所に勤務。相続、遺言について対応し、喜ばれた。

その後、相続アドバイザー協議会で相続アドバイザー養成講座を受講し、出会った仲間達と、「家族で話すHAPPY相続」を出版。相続サポート協会に理事として参画。

不動産業界紙「週刊住宅」に「民泊革命」を連載。鎌倉に簡易宿泊・タローズハウスを運営し、相続の相談とともに、民泊、マンスリー賃貸、シェアハウスを中心とする不動産活用の相談にも乗る。大都市、地方の空き家活用、旅館再生などを得意とする。

株式会社TAROコーポレーション
〒103-0027　東京都中央区日本橋3-2-14　新槇町ビル別館第一2F
TEL：03-6869-9292　FAX:03-6701-2808
URL:https://www.t-cp.jp/

至田 裕子（しだ ゆうこ）

神奈川県横浜市出身。

大学卒業後、大手人材サービス会社勤務ののち、1999年に総合保険代理店㈱インカレージを設立。現在、法人向け（企業年金・退職金・相続・事業承継対策、研修事業等）、個人向け（保険全般、老後資金設計、相続対策プランニング等）コンサルティング業務に従事。

相続アドバイザーとして、相続トラブルを発生させないために、「相続対策は早期に事前準備が大切」をモットーに各種専門家と連携し、アドバイスをさせていただいております。

株式会社インカレージ
〒236-0042　神奈川県横浜市金沢区釜利谷東2-17-8-304
TEL：045-781-8260　FAX：045-367-8249
URL：http://encourage-net.jp　Mail：info@encourage-net.jp

鈴木 一哉（すずき かずや）

1983年　神奈川県川崎市生まれ。

神奈川県内私立高校卒業後、大手外食産業にて10年勤務。在職中神奈川県内店舗ストアマネージャーとして勤務。2009年家業である不動産賃貸管理の全権を引き継ぎ勤務。2012年株式会社フェルディナスとして法人登記、既存事業に加え自動車販売・太陽光事業・リフォームコンサルタント・保険事業をスタートさせる。

同時に自身の相続問題に直面し、日々相続問題・税金問題に取り組んでいる。

株式会社フェルディナス
〒216-0002　神奈川県川崎市宮前区東有馬5-34-11
TEL：044-862-6544　FAX：044-862-6545

関 京子（せき きょうこ）

ADR認定土地家屋調査士。

2006年都内の土地家屋調査士事務所に就職。

2010年土地家屋調査士試験に合格。

2011年民間紛争代理関係業務（ADR）を認定。

2011年10月独立。

土地の境界問題や相続の事前準備の為の測量について、一般の皆様が気軽に相談できる身近な土地家屋調査士でありたいと思います。

業務内容：建物（新築・増築・取壊し）、土地（地目変更・地積更正・分筆・合筆）の表示登記申請手続、土地の調査・測量など。
＊皆様の大切な土地を後世まで安心して残す為の測量を致します。

関土地家屋調査士事務所
〒157-0062　東京都世田谷区南烏山六丁目6番7号　ｸﾜｲｴｯﾄ・ﾌﾟﾚｲｽ101号室
TEL：03-5969-9520　FAX：03-5969-8088
Mail：kyoko-seki101@kj8.so-net.ne.jp

高橋 欣也（たかはし きんや）

1971年　神奈川県川崎市生まれ。
明治大学法学部卒業。大学ではトライアスロンに夢中になり、オーストラリアへ留学。帰国後はスポーツクラブに就職し、国内初のジュニアトライアスロンクラブを創設して反響を呼ぶ。しかし、その後勤務先が倒産。法律の重要性を認識して、司法書士となる。2008年、横浜市に司法書士事務所を開業。丁寧な対応が話題となり、テレビ東京「ガイアの夜明け」にて、住宅ローン破綻者の救済が特集される。以後、債務整理、相続問題、住宅ローン全般など年間2000件以上の豊富な実績を持ち、ラジオやDVD出演、講演や相談会など多忙な日々を過ごしている。サポート体制を充実させるため、不動産会社、保険代理店を運営。

司法書士法人 長津田総合法務事務所
〒226-0027　神奈川県横浜市緑区長津田5-1-13
TEL：045-988-0157　FAX：045-988-0158
URL：http://nagatsuta-law.p-kit.com/

高林 節子（たかばやし せつこ）

東京都出身。日本通運(株)に3年間勤務。家業の不動産業を手伝うため退職し、宅地建物取引主任者（現・取引士）資格を取得。
㈱日鉄不動産に入社し、4人の子育てをしながら不動産業に従事。
2010年 同社代表取締役に就任。創業以来、高田馬場で57年続いている不動産屋です。地元を中心に賃貸仲介・売買・管理・相続他、あらゆる御相談に対応できる、頼れる存在であるべく、日々精進しております。

株式会社日鉄不動産
〒169-0075　新宿区高田馬場3-4-13　日鉄ビル1F
TEL：03-3368-8336　FAX：03-3371-6862
Mail：otoiawase@nittetsu-f.com
URL：http://www.nittetsu-f.com

千代延 和義（ちよのぶ かずよし）

1970年　東京都杉並区西荻窪生まれ。東洋大学法学部法律学科卒業。　東洋大学不動産建設白山会会長。
大学不動産連盟第13代理事長（2016.6～2017.5）
主な資格：宅地建物取引士・公認 不動産コンサルティングマスター・相続対策専門士（3）第26590号・他
「出会った方に『ホっ』と、していただく相続のご相談を♪」
不動産屋って、ちょっと入りにくいですよね。相続・不動産・借地・底地の相談の窓口は、気軽に話せる街の不動産屋だと思います。また、事前の相続対策は、税理士・司法書士・測量士・不動産鑑定士など、相続対策チームで、依頼者の『想い』を尊重し、相続対策を検討します。

イチゴイチエの家株式会社（2009年9月9日設立）代表取締役
〒167-0053　東京都杉並区西荻南3-17-1
TEL：03-3331-1555　FAX：03-3331-1561
URL：http://www.15ii.co.jp/　Mail：chiyo@15ii.co.jp

都築 恒久（つづき つねひさ）

1975年　東京都大田区生まれ。

成城大学経済学部卒業。

三井住友トラスト不動産（当時すみしん不動産㈱）、日本綜合地所（当時日綜ハウジング㈱）にて、不動産売買仲介・建売用地仕入れに従事したのち賃貸仲介・管理・空室対策など経験し、ライフアシスト 株式会社を立ち上げる。

相続、売買仲介、底地・借地・土地の有効活用、アパート管理・賃貸を得意としている。相続に関すること、不動産に関すること、お気軽にご相談ください。

資格：宅地建物取引主任者、管理業務主任者、2級FP技能士、賃貸不動産経営管理士、第二種電気工事士

ライフアシスト株式会社
〒146-0083　東京都大田区千鳥1-4-4　生駒ビル1F
TEL：03-6410-9916（代）FAX：03-6410-9917
URL：http://www.your-lifeassist.com　Mail：tsuzuki@your-lifeassist.com

徳元 康浩（とくもと やすひろ）

1970年　徳島県徳島市生まれ。

上智大学経済学部経営学科卒業、不動産鑑定士。

1994年に池袋の個人事務所に入社し、　約14年間の修行後、2009年3月に独立開業。

前職では、調停・係争案件（継続家賃、継続地代、立退料）に係る評価を数多く担当。借地権や底地、不動産有効活用の提案のほか、同族間売買、遺産分割、共有物分割、遺留分減殺請求など相続関連案件の時価評価を得意としている。相続分野に精通している複数の他士業とのネットワークを構築し、多角的な分析により円満解決へ向かうサポートに尽力している。

一般社団法人 東京都相続相談センター　副代表理事

藍不動産鑑定所
〒175-0083　東京都板橋区徳丸3-22-18-826
TEL：03-5922-1159　FAX：03-5922-1158
Mail：ai-kantei@cilas.net

貫井 政文（ぬくい まさふみ）

大学卒業後、流通・小売業界で物流企画・商品企画等に携わる。その後、2010年に東京都文京区で中小企業診断士事務所を開設し、地域中小企業の課題解決をサポートしている。法人・個人を問わず意志ある課題に対して、意志に寄り添ったサポートをモットーとする。

主なサポート領域は、相続＋事業承継、事業再生、知的資産経営を活用した経営改善、マーケティングを得意とする。

2010年より法政大学大学院イノベーション・マネジメント研究科特任講師を務め、日本知的資産経営学会、日本都市学会、日本生産管理学会に所属するなど研究活動も怠らずに継続中。

保有資格は、中小企業診断士、経営学修士（M.B.A.）など。

中小企業診断士事務所　ウィルサポート

ご相談・お問合せはお気軽に下記まで。お待ちしています。

Mail：will-support@n.email.ne.jp

服部 毅（はっとり たけし）

1978年　愛知県稲沢市生まれ。

上智大学法学部法律学科卒業

弁護士（東京弁護士会）

2005年に司法試験に合格後、2007年9月に弁護士登録と同時に湊総合法律事務所に入所し、以後多数の訴訟事件を解決した実績を持つ。また、遺言書作成業務を始めとして、遺産分割調停事件や遺留分減殺請求事件などに意欲的に携わる中で、相続争いを未然に防ぐために、公証人や弁護士といった専門家が関与して遺言書を作成しておくことの重要性を再認識するに至っている。相続に関するご相談の際には、親身になってご依頼者の皆様の話に耳を傾け、暖かく応接することをモットーとしている。

湊総合法律事務所

〒100-0006

東京都千代田区有楽町1-7-1　有楽町電気ビルヂング北館12階1213区

TEL：03-3216-8021　Mail：hattori@minatolaw.com

古越 俊介（ふるこし しゅんすけ）

1980年　群馬県高崎市生まれ。
専修大学法学部卒業後、コル・コーポレーション有限会社にて勤務。 弁護士・ 債権回収会社等取扱い任意売却物件を多く手掛けた実績を持つ。
持ち前のフットワークを活かし、依頼者の悩みごとを第一に考え、活用方法を提案しながら幅広いコンサルティングに対応する。
資格：宅地建物取引主任者、公認不動産コンサルティングマスター、相続対策専門士、賃貸不動産経営管理士、定借プランナー、住宅ローンアドバイザーなど

コル・コーポレーション有限会社
〒370-0851　群馬県高崎市上中居町767番地1
TEL：027-324-2083 FAX：027-324-2084

松村 茉里（まつむら まり）

大阪府出身、府立三国丘高校卒業、京都大学法学部卒業。

大阪市立大学法科大学院卒業。

弁護士（第二東京弁護士会所属）、宅地建物取引士試験合格者
「人の心に灯をともす」弁護士を目指し、オーセンス法律事務所にて、法律相談·交渉·裁判など多数の業務に従事。「相続」「不動産」「事業承継」について、わからないこと、ご不安なこと等がございましたら、お気軽にお問い合わせください。

丁寧にお話をお伺いしたうえで、解決につとめてまいります。

弁護士法人　法律事務所オーセンス
六本木オフィス
〒106-0032　東京都港区六本木4-1-4　黒崎ビル7階
TEL:03-3585-2666
事務所HP：https://www.authense.jp/

●「相続アドバイザー協議会」とは

相続に関する諸問題に対して円満な相続を実現するため、総合的なアドバイスができる人材を養成することを目的に、不動産鑑定士、税理士、不動産業、建設業が中心となり2000（平成12）年に設立したＮＰＯ法人です。

的確なアドバイスで相談者の利益を守る「相続アドバイザー」を養成するため、税務、不動産、建物、保険など各分野の相続実務に関わる専門家を講師として、全20講座･41時間の「相続アドバイザー養成講座」を定期的に開催しています。

2005（平成17）年には、法令の改正や社会の変化に対応した知識を習得し、実務能力を向上させ、さらに研鑽さんを続けるため「上級アドバイザー資格制度」を創設しました。

同協議会では「相続アドバイザー」として、以下の５点を定義しています。

（1）本業を補完する基本的知識の習得
（2）本業をより発展させるためのビジネス的感覚の習得
（3）お客様の利益を第一義に考えるコンサルタントとしての役割
（4）信頼性のある人的ネットワークの構築
（5）持続的・継続的な研修の実施による能力の充実を図る。

ＮＰＯ法人相続アドバイザー協議会
〒169-0075
東京都新宿区高田馬場1-31-18高田馬場センタービル３階
http://www.souzoku-adv.com
Mail:sa-info@t-ap.co.jp
TEL:03-5287-6808

編集作業中

この書籍は、週刊住宅新聞社が発刊していた書籍「家族で話すHAPPY相続」の内容に加筆・修正を加えたものです。

新訂 家族で話すHAPPY相続

2013年12月15日 初版発行

2014年1月24日 初版第2刷発行
2015年3月7日 初版第3刷発行
2018年3月16日 改題初版発行

著 者 相続アドバイザー協議会23期有志
発行人 今 井 修
印 刷 モリモト印刷株式会社
発行所 プラチナ出版株式会社
〒104-0061 東京都中央区銀座1丁目13-1
ヒューリック銀座一丁目ビル7F
TEL03-3561-0200 FAX03-3562-8821
http://www.platinum-pub.co.jp
郵便振替 00170-6-767711（プラチナ出版株式会社）

落丁・乱丁はお取替え致します。
ISBN978-4-909357-08-3

以上、私の宣言による要望を忠実に果たしてくださった方々に感謝申し上げるとともに、
その方々が私の要望に従ってくださった行為の一切の責任は私自身にあることを付記いたします。

年　　　月　　　日

住所

氏名　　　　　　　　　　　　　　　　　　　印

生年月日

（参考）上の宣言書は日本尊厳死協会の書式です。
東京都文京区本郷２－２７－８太陽ビル５０１
日本尊厳死協会

尊厳死の宣言書

（日本尊厳死協会）

私は私の病気が不治であり、かつ死期が迫っている場合に備えて、私の家族、縁者ならびに私の医療に携わっている方々に次の要望を宣言します。

この宣言書は私の精神が健全な状態にある時書いたものであります。

従って私の精神が健全な状態にある時に私自身が破棄するか、または撤回する旨の文章を作成しない限り有効であります。

1、私の病気が現在の医学では不治の状態であり、すでに死期が迫っていると診断された場合には徒に死期を引き延ばすための延命措置は一切お断りします。

2、但しこの場合、私の苦痛を和らげる処置は最大限に実施してください。
そのため、たとえば麻薬などの副作用で死ぬ時期が早まったとしても、一向にかまいません。

3、私が数ヶ月以上にわたって、いわゆる植物状態に陥った時は、一切の生命維持装置を取り止めてください。

●私の好きな写真

撮影期日

撮影場所

思い出

●私自身に判断能力がなくなったときに

任意後見人	氏名（　　　　　　　　　　　　） 続柄（　　）☎（　　　　　　　）
任意後見人	氏名（　　　　　　　　　　　　） 続柄（　　）☎（　　　　　　　）

●お葬式のこと

私の葬儀を	□ してほしい □ してほしくない
葬儀の様式は	□ 仏式葬 □ 密葬 □ 家族葬 □ その他（　　　　　　　　）
葬儀の会場は	□ 決めてある （　　　　　　　　　　　） □ 決めていない
お墓のこと	□ 持っている （　　　　　　　　　　　） □ 持っていない 　□ お墓は必要ありません 　□ 散骨して下さい

●終末期医療について

病名や余命の告知について	□ 告知して欲しい □ 告知しないで欲しい
延命治療・尊厳死について	□ 延命治療を希望する □ 延命治療を希望しない
尊厳死の宣言書について	□ 書いてある □ 書いていない
脳死状態になったとき臓器提供を	□ 希望する □ 希望しない
私はドナーカードを	□ 持っている □ 持っていない
私はアイバンク登録を	□ している □ していない
私は献体することを	□ 希望する □ 希望しない
私は献体の登録を	□ している □ していない

ここからは介護のこと、終末期医療のこと…
考えてみて下さい!

・介護のこと、終末期医療のこと…
・あなたがもし判断能力がなくなったとき…

あなたのご家族が悩まないように、
あなたの考えを記入して下さい

●介護

介護が必要になったとき、頼める人はいますか?	
□ いる	1. 氏名( ) 続柄( ) ☎( ) 1. 氏名( ) 続柄( ) ☎( )
□ いない	

介護はどこで受けたいですか?
□ 自宅 □ 介護施設 □ その他( )

●損害保険（火災保険、地震保険、自動車保険）　年　月　日記入

①加入保険会社 担当者名	
保険の種類	□ 火災保険　□ 自動車保険 □ 傷害保険　□ 賠償責任保険 □ その他（　　　　　　　　　）
備考	
②加入保険会社 担当者名	
保険の種類	□ 火災保険　□ 自動車保険 □ 傷害保険　□ 賠償責任保険 □ その他（　　　　　　　　　）
備考	
③加入保険会社 担当者名	
保険の種類	□ 火災保険　□ 自動車保険 □ 傷害保険　□ 賠償責任保険 □ その他（　　　　　　　　　）
備考	

私の財産

●生命保険

年　　月　　日記入

①加入保険会社 担当者名	
保険の種類	□ 終身保険　□ 定期保険 □ 養老保険　□ 医療保険 □ その他（　　　　　　　　）
保険金	
保険料	□（　　／　　）□ 払　済
②加入保険会社 担当者名	
保険の種類	□ 終身保険　□ 定期保険 □ 養老保険　□ 医療保険 □ その他（　　　　　　　　）
保険金	
保険料	□（　　／　　）□ 払　済
③加入保険会社 担当者名	
保険の種類	□ 終身保険　□ 定期保険 □ 養老保険　□ 医療保険 □ その他（　　　　　　　　）
保険金	
保険料	□（　　／　　）□ 払　済

●株式公社債・投資信託

年　月　日記入

銘柄	株数	名義人	証券会社 / 支店名 担当者

●その他財産（貴金属、貸付金…）

年　月　日記入

品名	個数	購入先・購入金額、 購入年月

私の財産

●不動産（土地・建物）　　　　年　　月　　日記入

所在地・地番・建物番号	備考

●預貯金　　　　年　　月　　日記入

金融機関・支店	預貯金の種類	名義人

名前	連絡先	続柄	備考
			☐ 入院時に知らせる ☐ 死亡時に知らせる ☐ その他 （　　　　　　）
			☐ 入院時に知らせる ☐ 死亡時に知らせる ☐ その他 （　　　　　　）
			☐ 入院時に知らせる ☐ 死亡時に知らせる ☐ その他 （　　　　　　）
			☐ 入院時に知らせる ☐ 死亡時に知らせる ☐ その他 （　　　　　　）
			☐ 入院時に知らせる ☐ 死亡時に知らせる ☐ その他 （　　　　　　）
			☐ 入院時に知らせる ☐ 死亡時に知らせる ☐ その他 （　　　　　　）

家族や親戚・友人や大切な人たち

名前	連絡先	続柄	備考
			□ 入院時に知らせる □ 死亡時に知らせる □ その他 （　　　　）
			□ 入院時に知らせる □ 死亡時に知らせる □ その他 （　　　　）
			□ 入院時に知らせる □ 死亡時に知らせる □ その他 （　　　　）
			□ 入院時に知らせる □ 死亡時に知らせる □ その他 （　　　　）
			□ 入院時に知らせる □ 死亡時に知らせる □ その他 （　　　　）
			□ 入院時に知らせる □ 死亡時に知らせる □ その他 （　　　　）

私の覚書

氏名

生年月日

電話番号

血液型

かかりつけ医

薬

既往症

☐ 高血圧　☐ 糖尿病

☐

☐

☐

エンディングノートから はじめよう!!

遺言書を書くのはちょっと…という人でもエンディングノートであれば肩肘張らずに書き始められるかもしれません。

エンディングノートには決まった形式はなく「家族への覚書」「人生の整理帳」として自分のメッセージを書き残しておくものです。「人生の整理帳」として自分のメッセージを書き残しておく注意点としては、法的な効力を持たないため、財産の相続などに関することは正式な遺言書で行う必要があるということです。

自分の相続対策を考える第一歩としてエンディングノート作成をおすすめします。
＊資産を整理する意味でも効果的です。
　銀行口座などは、なるべくまとめましょう！

～私から大切なひとへ～

＊該当する□の欄に（レ）を付けましょう！
＊希望する内容が変わったら書き直しましょう！

エンディングノート

ENDING NOTE BOOK